DUPLA INCRIMINAÇÃO NO DIREITO INTERNACIONAL CONTEMPORÂNEO

ANÁLISE SOB A PERSPECTIVA DO PROCESSO DE EXTRADIÇÃO

ANAMARA OSÓRIO SILVA

DUPLA INCRIMINAÇÃO NO DIREITO INTERNACIONAL CONTEMPORÂNEO

ANÁLISE SOB A PERSPECTIVA DO PROCESSO DE EXTRADIÇÃO

Del Rey
EDITORA

Belo Horizonte
2016

Impresso no Brasil | *Printed in Brazil*

EDITORA DEL REY LTDA.
www.livrariadelrey.com.br

Editor: Arnaldo Oliveira

Editor Adjunto: Ricardo A. Malheiros Fiuza

Editora Assistente: Waneska Diniz

Coordenação Editorial: Wendell Campos Borges

Diagramação: Lucila Pangracio Azevedo

Revisão: RESPONSABILIDADE DA AUTORA

Capa: CYB Comunicação

Editora / MG
Rua dos Goitacazes, 71 – Sala 709-C – Centro
Belo Horizonte – MG – CEP 30190-050
Tel: (31) 3284-5845
editora@delreyonline.com.br

S586d Silva, Anamara Osório
Dupla incriminação no Direito Internacional contemporâneo: análise sob a perspectiva do processo de extradição. / Anamara Osório Silva. Belo Horizonte: Del Rey, 2016.
xvi + 136 p.
ISBN: 978-85-384-0465-1
1. Extradição, Brasil. 2. Cooperação internacional. I. Título.
CDU: 341.9

Para Guilherme, Eli e Carol, pelo sentido na vida.
Para Antonio Wilson e Marlene, por me ensinarem a viver.

A presente obra tem sua origem na dissertação de mestrado apresentada perante o Departamento de Direito Internacional da Faculdade de Direito da Universidade de São Paulo na temática da cooperação jurídica internacional.

Agradeço imensamente ao Professor André de Carvalho Ramos, meu orientador, por seus ensinamentos, fundamentais ao desenvolvimento deste trabalho, pelo constante incentivo, e por fomentar o dialogo crítico em seus orientandos, lembrando-nos, sempre, que o estudo científico requer, inclusive e principalmente, a análise contramajoritária do objeto a ser investigado.

Agradeço, também, aos demais Professores dos Departamentos de Direito Internacional e Direitos Humanos da Faculdade de Direito da Universidade de São Paulo, em particular, os Professores Paulo Borba Casella, Wagner Menezes e Guilherme Assis de Almeida, por estimularem a pesquisa pelo Direito Internacional dos Direitos Humanos e pelo Direito Internacional como um todo. Igualmente, aos Professores dos Departamentos de Direito Penal e Processual Penal, Renato de Mello Jorge Silveira, Antonio Scarance Fernandes e Marcos Alexandre Coelho Zilli, pelas aulas ministradas no curso de pós-graduação.

Acrescento, ainda, um especial agradecimento aos professores da Universidade de Salamanca, na pessoa do Professor Eduardo Fabián Caparrós, pelo debate em face da evolução da cooperação penal internacional na União Européia.

Por fim, agradeço a minha instituição, Ministério Público Federal, por me permitir, na prática, promover, sempre, a defesa dos direitos fundamentais.

SUMÁRIO

PARTE IV – A UTILIDADE DA CLÁUSULA DA DUPLA INCRIMINAÇÃO

PREFÁCIO

O presente livro é resultado de elogiada dissertação de mestrado em Direito Internacional defendida, em 2014, pela Autora, na Faculdade de Direito da Universidade de São Paulo, de quem tive a honra de ser Professor Orientador, dedicada a análise da cooperação jurídica internacional penal com foco no requisito da "dupla incriminação" na extradição.

A cooperação jurídica internacional horizontal aplica o direito estrangeiro de modo indireto, regendo os atos de colaboração recíproca entre Estados para o cumprimento de medidas pré-processuais, processuais e de execução fora do seu território, visando o acesso a justiça.

A cláusula da dupla incriminação dos tratados de extradição firmados pelo Brasil e ainda constante da Lei 6.815/80 exige, para que a extradição seja concedida, que o fato criminoso imputado ao extraditando seja previsto, hipoteticamente, também como crime no Brasil.

A importância do seu exame, à luz da gramática dos direitos, pode ser resumida em quatro perguntas, que a Autora visa responder ao longo de sua obra: (i) é ainda válido o uso da cláusula da "dupla incriminação" na cooperação jurídica internacional entre Estados Democráticos? (ii) Qual é o peso que o Brasil deve dar à situação na qual o crime perseguido na extradição foi imposto por lei estrangeira de um Estado Democrático, aprovada pelo seu Parlamento eleito, de acordo com o Direito Penal contemporâneo, com respeito à tipificação escrita, prévia e proporcional? (iii) A opção brasileira de Direito Penal deve ser sempre preponderante (se o Brasil não tipificar, não deve ser o fato penalmente relevante em qualquer lugar do mundo...)? (iv) Qual é o papel dos direitos das vítimas, como o direito à verdade judicial e à justiça, no âmbito da extradição?

Para abordar o tema, a autora divide a obra em quatro partes, as quais focam, seguindo um liame lógico: i) a dupla incriminação; ii) a sua tratativa no ordenamento jurídico brasileiro; iii) a comparação com o modelo utilizado na União Europeia; e, finalmente, iv) as alternativas à sua aplicação.

A Parte I é dedicada ao estudo da dupla incriminação no direito internacional, contextualizando o instituto no panorama do direito internacional penal e na necessidade de cooperação jurídica internacional para persecução dos crimes transfronteiriços. Nesta parte, a autora realiza, igualmente, um exame analítico da dupla incriminação, pormenorizando a tipologia, a classificação e os fundamentos do instituto.

A autora inicia a Parte II com uma descrição detalhada das fases do processo de extradição passiva no Brasil, seguida da análise da inserção da cláusula de dupla incriminação nas fontes de extradição. Enfatizando a proteção dos direitos fundamentais da extradição passiva, a autora expõe, de forma detalhada e crítica, o entendimento do Supremo Tribunal Federal sobre a dupla incriminação. Ademais, com base no exame de legalidade realizado pela Corte, são apresentados os paradigmas da cooperação jurídica internacional (soberanismo, cooperação interessada e confiança mútua), apontando-se o posicionamento do Estado brasileiro.

Para contrapor o modelo brasileiro de utilização da dupla incriminação, que prioriza as concepções do crime em cada ordenamento nacional, a tônica da Parte III é a apresentação do modelo europeu, que daquele difere por focar na harmonização das legislações penais e no reconhecimento de decisões judiciais estrangeiras. Nessa linha, a autora apresenta o mandado de detenção e entrega, veículo cooperacional alternativo à extradição utilizado na União Europeia, dando especial cuidado para as suas características, hipóteses de cabimento, procedimento e fundamentos.

Finalmente, reconhecendo que o modelo brasileiro de aplicação da cláusula da dupla incriminação não protege os interesses do extraditando e tampouco das vítimas, a Parte IV da obra avalia a sua utilidade prática, cotejando as opções da abolição da dupla incriminação, da sua exclusão parcial e da sua substituição pela cláusula da ordem pública. Por fim, a autora propõe uma fórmula que dê coerência e consistência à interpretação da dupla incriminação como condição para a extradição.

Como se vê, a obra proporciona um estudo completo do tema: do panorama geral, ao examinar a dupla incriminação sob o aspecto do direito internacional; do aspecto nacional, ao delinear a sua aplicação pelo judiciário brasileiro, ressaltando as limitações da interpretação nacionalista e seus reflexos na proteção dos direitos fundamentais das partes envolvidas; do estudo comparado, ao colocar em perspectiva o modelo europeu, focando na sua eficiência no cumprimento da promoção da cooperação jurídica internacional; e do viés critico e propositivo da utilidade da cláusula da dupla incriminação e da sua necessária revisão para a efetiva tutela dos interesses do extraditando e das vítimas.

A pesquisa detalhada e a utilização de bibliografia atualizada, além do estudo quantitativo e qualitativo, após cuidadoso recorte metodológico, de mais de 180 julgados de extradição do Supremo Tribunal Federal, trouxeram como frutos a construção de obra comprometida com a interação entre teoria e prática no estudo da dupla incriminação como condição para a extradição.

A cooperação jurídica internacional precisa levar à sério os direitos humanos, baseando-se no reconhecimento do outro e no respeito à diversidade e à tolerância. Nesse contexto, o mérito da obra também reside no reconhecimento do cenário de conflito de direitos da relação extradicional, primando pelo uso da centralidade e da universalidade dos direitos humanos na temática da cooperação jurídica em matéria penal.

Corajosa ao apontar, com razão, a necessidade de revisão da posição brasileira quanto à cláusula de dupla incriminação, a obra é também inovadora ao propor uma reflexão crítica sobre giro copernicano essencial para um estudo sistêmico do Direito Internacional Privado e da cooperação jurídica internacional influenciados pela centralidade dos direitos humanos. O questionamento é o papel fundamental da investigação científica séria, como é a presente obra, que me honra prefaciar.

Concluo afirmando, com absoluta segurança e convicção, que ANAMARA OSORIO SILVA fez uma obra exemplar e indispensável, que marcará o estudo brasileiro da cooperação jurídica internacional contemporânea.

ANDRÉ DE CARVALHO RAMOS
Professor Doutor e Livre-Docente de Direito Internacional da
Faculdade de Direito da Universidade de São Paulo (USP).
Professor de Direito Internacional Privado e Direitos Humanos.
Docente responsável da disciplina "Cooperação Jurídica Internacional"
na Pós-Graduação estrito senso da mesma Faculdade (CAPES 6).

INTRODUÇÃO

A proposta desta obra, dentro da temática da cooperação jurídica internacional, é fomentar o debate em torno da cláusula da dupla incriminação, sobre a qual existem poucos escritos acadêmicos no país, na busca de se alcançar um significado para sua inserção nos tratados assinados pelo Brasil.

Para o fim de esclarecer a delimitação do objeto da pesquisa, o *Título I da Parte I* desta obra contem uma resenha sobre o espaço de aplicação da dupla incriminação no direito internacional.

O *Título II da Parte I* desenvolve os conceitos da dupla incriminação, sua classificação, origem e fundamentos, pois a ninguém é dado alcançar o sentido de um instituto jurídico sem antes entender em que consiste e para que se destina.

No contexto em que se insere a cláusula, o estudo restringe-se ao âmbito da extradição. A uma, porque o instituto da extradição é o veículo de cooperação jurídica internacional mais antigo, e, por isso, o que mais pode auxiliar na busca do sentido original da dupla incriminação nos tratados; a duas, porque está relacionado ao direito de liberdade do indivíduo, o qual, dentre os direitos e garantias fundamentais, apresenta-se como o mais caro à pessoa processada ou condenada.

A ação de extradição, como todos os demais veículos de cooperação jurídica internacional (carta rogatória, transferência de presos e de processos, ação de homologação de sentença estrangeira, ação de entrega e auxílio direto), deve observar os princípios que regem as relações internacionais da República Federativa do Brasil, por um lado, a *prevalência dos direitos humanos* e, por outro lado, a *cooperação entre os povos para o progresso da humanidade*, previstos, respectivamente, nos incisos II e IX do artigo 4º da Carta Constitucional de 1988.

É imperioso reconhecer que, desde o aparecimento dos primeiros acordos de cooperação técnica, na base das primeiras organizações internacionais[1], a humanidade caminha para um cenário internacional onde a cooperação internacional alcança cada vez mais lugar de destaque. Segundo John Rawls

---

[1] As primeiras organizações internacionais foram criadas por razões de cooperação técnico-científica e em matéria de comunicações, no início do século XIX, a Comissão dos rios Reno e Danúbio, a União Postal Universal e a União Internacional Telegráfica. Ver mais em SEITENFUS, Ricardo. *Manual das organizações internacionais.* Porto Alegre: Livr. do Advogado, 2008.

"a idéia de uma sociedade razoavelmente justa de povos bem-ordenados não terá lugar importante em uma teoria de política internacional até que tais povos existam e tenham aprendido a coordenar as ações dos seus governos em formas mais amplas de cooperação política, econômica e social."[2]

A cooperação jurídica internacional, como uma espécie de cooperação internacional, é uma forma representativa de como o Estado se vê e pretende ser visto pela sociedade internacional.[3] Isso significa a forma como o Brasil se posiciona frente às demandas internacionais em matéria de cooperação jurídica internacional, como, por exemplo, na seara de seus julgamentos em matéria de extradição.

Assim, é interessante avaliar a importância que o Estado Brasileiro confere, efetivamente, as suas relações internacionais, e seu efetivo compromisso aos princípios constitucionais de cooperação entre os povos para o progresso da humanidade e proteção dos direitos humanos.

Para tanto, a *Parte II* deste trabalho introduz a dupla incriminação no contexto da extradição, analisando o espaço normativo brasileiro do instituto e como o Brasil assume as demandas de extradição em face dos julgamentos do Supremo Tribunal Federal em ações de extradição passiva.

A *Parte III* deste trabalho, à procura de um outro modelo de interpretação da dupla incriminação, aborda o Espaço de Liberdade, Segurança e Justiça da União Européia, no seio do qual[4] a extradição foi parcialmente substituída pelo mandado de detenção europeu com a exclusão da cláusula da dupla incriminação para um determinado rol de crimes.

Ao final, na *Parte IV*, são apresentadas as alternativas possíveis à aplicação da dupla incriminação nos diferentes tratados de extradição.

---

2 Em *O Direito dos Povos*, John Rawls esboça uma sociedade democrática constitucional razoavelmente justa (também denominada pelo autor sociedade liberal), a qual assenta-se em uma concepção de justiça que tem por base os seguintes princípios: (a) direitos e liberdades básicas a partir de um regime constitucional; (b) prioridade especial a esses direitos e liberdades básicas; (c) a garantia de uso e gozo a todos os cidadãos dos bens primários necessários para capacitá-los a fazer uso inteligente e eficaz das suas liberdades. Assinala, ademais, *"como cidadãos razoáveis na sociedade nacional oferecem-se para cooperar em termos imparciais com outros cidadãos, os povos liberais (ou decentes) (razoáveis) oferecem termos de cooperação justos a outros povos.Um povo honrará esses termos quando estiver seguro de que outros povos também o farão."* RAWLS, John. *O direito dos povos.* São Paulo: Martins Fontes, 2004. p. 19-33.

3 A referência à sociedade internacional quer significar o conjunto de sujeitos do direito internacional, Estados, indivíduos e organismos internacionais.

4 Ver sobre modelos de integração em CARVALHO RAMOS, André de. *Direitos humanos na integração econômica*: análise comparativa da proteção dos direitos humanos e conflitos jurisdicionais na União Européia e Mercosul. Rio de Janeiro: Renovar, 2008.

PARTE I - A DUPLA INCRIMINAÇÃO

TÍTULO I

O ESPAÇO DE APLICAÇÃO DA DUPLA INCRIMINAÇÃO NO DIREITO INTERNACIONAL

1. NOÇÕES GERAIS

Geralmente, os Estados estabelecem condições para a concessão da extradição, arrolando-as em suas leis internas e nos tratados que assinam, as quais são submetidas ao controle jurisdicional para apuração de seu cumprimento.

A dupla incriminação é uma dessas condições e diz respeito ao fato que se atribui ao extraditando.

Para que a extradição seja concedida, o fato atribuído ao extraditando necessita ser *crime perante as legislações dos Estados requerente e requerido.*

A exigência da dupla incriminação, quanto à legislação do Estado requerente, serve para reforçar o caráter de crime do fato, certificando que a extradição só será deferida para o cumprimento de sentença condenatória *criminal* ou para responder o extraditando a processo *criminal* junto ao Estado requerente e não à sentença ou processo de outra natureza.

A exigência quanto ao Estado requerido é a que confere o caráter de dupla incriminação à apuração da conduta.

A dupla incriminação pode ser analisada quanto aos seus fundamentos, classificação ou ao espaço de aplicação no direito internacional. Importanos, neste momento, o espaço de aplicação da dupla incriminação no direito internacional, para conduzir o leitor ao âmbito de incidência da cláusula *enquanto condição para a extradição.*

Ao longo deste trabalho serão expostos os principais elementos da dupla incriminação, na expectativa de tornar clara sua função e de contribuir para o debate acerca da identificação do real significado do instituto.

2. O DIREITO PENAL INTERNACIONAL

A dupla incriminação como condição para a extradição encontra-se no espaço de aplicação do direito penal internacional.

O direito penal internacional pode ser compreendido como o resultado da convergência dos aspectos penais do direito internacional e dos aspectos internacionais do direito penal.[1]

Os aspectos penais do direito internacional são com freqüência abordados dentro do conceito de *direito internacional penal*[2] e estão previstos

---

[1] BASSIOUNI, M. Cherif. El derecho penal internacional: historia, objeto y contenido. *Anuário de Derecho Penal y Ciencias Penales,* Madrid, serie 1, n. 3, p. 11-14, 1982. JAPIASSU, Carlos Eduardo Adriano. *O Tribunal Penal Internacional*: a internacionalização do direito penal. Rio de Janeiro: Lumen Júris, 2004. p. 21.

[2] A questão sobre o emprego da nomenclatura adequada para descrever o conjunto das regras nacionais e internacionais que regula os fatos transfronteiriços penais e o conjunto da regras internacionais que tutelam a paz internacional é muito discutida. Na doutrina penal e internacional encontramos diferentes pontos de vista sobre o emprego das expressões "Direito Penal Internacional" e "Direito Internacional Penal". Assim por exemplo, Quintano Ripollés difere as expressões, atribuindo à primeira, os aspectos internacionais do direito interno (a aplicação extraterritorial do direito interno, a cooperação penal internacional e todos os seus veículos, bem como, a expulsão, deportação e imunidades diplomáticas) e, à segunda, os aspectos penais do direito internacional. RIPOLLÉS, Quintano. *Tratado de derecho penal internacional e internacional penal.* Madrid: Instituto Francisco de Vitoria, 1955. t. 1, p. 20. No mesmo sentido: DOTTI, René de Ariel. *Curso de direito penal*: parte geral. Rio de Janeiro: Forense, 2001. p. 109. Citando o penalista Constantino Jannacone (Diritto penale internazionale e Diritto internazionale penale, "Rivista Penale", noviembre, 1946), Quintano explica *"Separaba éste, de un lado, el "Derecho Penal Internacional", y del otro, el "derecho Internacional Penal"; en el primero se comprenderían las infracciones previstas y penadas en los ordenamientos estatales internos, y en el segundo, las de estructura puramente internacional, que en el tiempo del autor se concebían tán sólo en un plano de 'desideratum' casi utópico. En parecido sentido pronunciándose ulteriormente el gran internacionalista cubano SANCHEZ DE BUSTAMANTE, bien que refiriéndose primordialmente a lo procesal. La distinción apuntada es útil y responde, sin duda, a la realidad ya mencionada de la diversa titularidad: en el Derecho Penal Internacional, la ostenta el Estado, mientras que en el Internacional Penal, la Comunidad como un todo jurídico-cultural relativamente uniforme."* (RIPOLLÉS, Quintano. op. cit., t. 1, p. 20). Por outro lado, podem ser citados os seguintes autores que preferem a adoção do termo genérico "Direito Penal Internacional": os autores acima mencionados, BASSIOUNI, M. Cherif. El derecho penal internacional: historia, objeto y contenido, cit., p. 11-14. JAPIASSU, Carlos Eduardo Adriano. op. cit., p. 21. JESCHECK, Hans-Heinrich. O objeto do direito penal internacional e sua mais recente evolução. *Revista de Direito Penal,* n. 6, p. 7, abr./jun. 1972. DONNEDIEU DE VABRES, Henri. *Les principles modernes du droit pénal international.* Paris: Sirey, 1928. p. 3. LISBOA, Carolina Cardoso Guimarães. *A relação extradicional no direito brasileiro.* Belo Horizonte: Del Rey, 2001. p. 68-69. MELLO, Celso D. de Albuquerque. *Direito penal e direito internacional.* Rio de Janeiro: Freitas Bastos, 1978. p. 87. Para Marcos Alexandre Coelho Zilli *"em face das novas perspectivas abertas com a instrumentalização de uma efetiva justiça penal internacional, as expressões Direito Penal Internacional e Direito Internacional Penal são plenamente equiparáveis não sendo mais cabível incorporar na primeira as regras regulatórias de aplicação espacial de um direito penal interno ou mesmo da cooperação do Estado com a efetividade do poder-dever punitivo titulado pelo outro Estado."* Prefere o citado autor o uso da expressão Direito Penal Internacional. ZILLI, Marcos Alexandre Coelho. *A prova ilícita e o Tribunal Penal Internacional:* regras de admissibilidade. 2006. Tese (Doutorado) - Faculdade de Direito, Universidade de São Paulo como requisito à obtenção do título de Doutor em Direito, 2006. p. 65. Em outro sentido, ver PASTOR, Daniel R. *El poder penal internacional*: una

no campo de atuação da jurisdição internacional penal, da tutela dos chamados crimes internacionais.[3]

Para Cassese são crimes internacionais os crimes de guerra, contra a humanidade, o genocídio, tortura, a agressão e uma forma extremada de terrorismo internacional.[4]

A responsabilização internacional pela prática de tais crimes surgiu com o movimento de internacionalização dos direitos humanos, o qual se intensificou após a Segunda Guerra Mundial em virtude das graves violações ocorridas contra a humanidade.[5]

---

aproximación jurídica critica a los fundamentos del Estatuto de Roma. Barcelona: Atelier, 2006. p. 30-32, o qual adota o conceito amplo "Direito Penal Internacional" subdividindo-o, outrossim, em algumas categorias, como "direito penal internacional em sentido estrito", "direito penal supranacional", "direito penal de cooperação judicial internacional em assuntos penais" e "direito de aplicação do direito penal". Como a presente pesquisa não possui espaço para a exposição exaustiva de todas as opiniões a respeito da nomenclatura correta, optamos pela adoção da acepção ampla "Direito Penal Internacional", subdividindo-o em Direito Penal Internacional em sentido estrito e Direito Internacional Penal, de acordo com o grau de influência dos seus aspectos penais e internacionais, pois como lembra Bassiouni, *"en algunos idiomas este dualismo resulta difícil de conciliar en orden a la correcta denominación de la disciplina*,, referindo-se o autor aos idiomas provenientes do latim. BASSIOUNI, M. Cherif. El derecho penal internacional: historia, objeto y contenido, cit., p. 6. Merece o mesmo destaque, Celso Albuquerque de Mello quando afirma "*na verdade é extremamente artificial se separar um ramo do Direito em interno ou internacional, vez que atualmente não há mais qualquer ramo do Direito que não seja internacionalizado.*" MELLO, Celso D. de Albuquerque. op. cit., p. 15.

3 BASSIOUNI, M. Cherif. El derecho penal internacional: historia, objeto y contenido, cit., p. 11-14. JAPIASSU, Carlos Eduardo Adriano. op. cit., p. 21.

4 Segundo Cassese os crimes de guerra consistem em graves violações às normas internacionais (Convenções de Genebra, de 1949) aplicáveis aos conflitos armados (também conhecido como Direito Internacional Humanitário.) CASSESE, Antonio. *The Oxford companion to international criminal justice*. 2. ed. Oxford: Oxford University Press, 2008. p. 82. O crime de agressão, por sua vez, não alcança uma exata definição; para Cassese, compreende tanto uma conduta individual, do acusado, como por parte do Estado, por meio do qual a agressão é planejada ou iniciada. (op. cit. p. 312). Segundo a Convenção para a Prevenção e Repressão do Crime de Genocídio (1948), entende-se por genocídio qualquer dos seguintes atos, cometidos com a intenção de destruir, no todo ou em parte, um grupo nacional, étnico, racial ou religioso, tal como: (a) assassinato de membros do grupo; (b) dano grave à integridade física ou mental de membros do grupo; (c) submissão intencional do grupo a condições de existência que lhe ocasionem a destruição física total ou parcial; (d) medidas destinadas a impedir os nascimentos no seio do grupo; (e) transferência forçada de menores do grupo para outro grupo (artigo II). Os crimes contra a humanidade são ofensas odiosas que constituem um serio ataque à dignidade humana ou sua grave humilhação ou degradação, como as chamadas "limpezas étnicas". CASSESE, Antonio. *The Oxford companion to international criminal justice*. Oxford: Oxford University Press, 2009. p. 285. O crime de terrorismo não está previsto no Estatuto do Tribunal Penal Internacional como crime autônomo mas um ato terrorista pode ser um crime internacional sob a ótica dos crimes contra a humanidade ou de guerra, assim como a tortura.

5 TRINDADE, Antônio Augusto Cançado. *A humanização do direito internacional*. Belo Horizonte: Del Rey, 2006. p 31-96 e LAFER, Celso. Declaração Universal dos Direitos Humanos (1948). In: MAGNOLI, Demétrio (Coord.). *A história da paz*. São Paulo: Contexto, 2008. p. 297-330. Explica Celso Lafer que, no plano internacional, a positivação dos direitos humanos seguiu uma agenda distinta da que se verificou no plano interno. Internamente, primeiro afirmaram-se os direitos civis e políticos, seguidos dos direitos econômicos, sociais e culturais, que tiveram como marcos a Declaração

Os fatos compreendidos no conjunto dos elementos desses crimes representam as agressões mais graves à ordem internacional e consistem em uma preocupação internacional, decorrente do que Antônio Augusto Cançado Trindade chama de "consciência jurídica universal".[6]

Segundo Kai Ambos[7], o catálogo de conduta penalizáveis, em âmbito nacional, depende do sistema de valores de uma determinada sociedade e é, portanto, e até certo ponto, relativo. Os delitos mudam com o tempo, assim como suas respectivas sanções, do mesmo modo, podem reger em um mesmo momento, em lugares distintos, prescrições penais muito diferentes. Isto é, o que hoje é punível, amanhã pode ser socialmente aceitável em virtude de uma mudança nas atitudes sociais da população.[8]

A tutela penal internacional, ao contrário, é de titularidade da comunidade internacional e protege os chamados *core crimes,* condutas inaceitáveis cujo regramento se destina à proteção dos bens jurídicos fundamentais à comunidade internacional.[9]

---

de Independência dos Povos de Virginia, a Revolução Francesa e as Constituições Mexicana de 1917 e de Weimar, de 1919. Já a primeira mobilização internacional em prol da dignidade humana foi a abolição do trafico de escravos. Após, o direito internacional humanitário visou evitar o sofrimento humano nas guerras. A OIT concentrou-se às atividades de pacifismo social, e padronização das condições do trabalho. A Sociedade das Nações, na sua esfera circunscrita de proteção de direitos humanos, postulou a independência das nacionalidades, tutelando as minorias étnicas, em razão da desagregação dos impérios otomano, russo e austro-húngaro, que levou a um grande movimento migratório no século. Iniciou-se um processo de dissociação dos direitos humanos e os direitos dos povos. Nesse processo, o fechamento das fronteiras – motivado pela crise de 1929 ou pela xenofobia, e o cancelamento das nacionalidades pela União Soviética e Alemanha levou ao surgimento de *displaced people* – os refugiados e apátridas, que também passaram a ser protegidos pelo Direito Internacional. Por isso, explica o autor que a construção de um mundo comum, no pós-Segunda Guerra, deveria levar em conta a hospitalidade universal e que necessitou ir além da Declaração de Direitos no plano interno.

6 TRINDADE, Antônio Augusto Cançado. op. cit., p. 31-96.

7 Para Ambos, o Direito penal encontra-se a serviço de uma finalidade determinada, isto é, deve garantir a proteção de uma pacifica convivência entre os indivíduos que integram uma comunidade e, com base nela, surgem uma série de condições básicas para a vida em comunidade, denominadas de bens jurídicos. A fim de dar proteção a esses bens jurídicos, o Estado está autorizado a impor uma sanção penal em *ultima ratio*, isto é, só no caso de a totalidade do sistema de controle social (família, comunidade local, escola, vizinhos, associações, etc.) e outros meios alternativos para resolver conflitos sociais resultarem ineficazes, deverá o Estado recorrer ao emprego do Direito Penal, em caráter subsidiário. AMBOS, Kai. *Direito penal: fins da pena, concurso de pessoas, antijuridicidade e outros aspectos*. Porto Alegre: Fabris, 2006. p.20-24.

8 Cita o autor, como exemplo da relatividade do direito penal, o consumo de álcool em sociedades regidas pela *Shari'a* em comparação às sociedades ocidentais.

9 Por isso, para Kai Ambos se o Direito penal internacional pretende ser reconhecido como expressão de um sistema de normas universalmente válido, dada a mencionada relatividade do Direito penal nacional, não pode partir de um determinado consenso valorativo de um circulo cultural especifico, e confeccionar, sobre tal base, seus delitos. Por esta razão, o Estatuto de Roma somente codificou os chamados "core crimes" (ou crimes essenciais), como padrão mínimo do Direito penal internacional contemporâneo.

Assim, podemos dizer que o *direito internacional penal* é o resultado da influência do direito penal no direito internacional, sendo o conjunto de regras internacionais que regula a prevenção e repressão de condutas que afetam a comunidade internacional em seu conjunto.[10]

Em face do seu conteúdo, a doutrina especializada refere-se à jurisdição universal quanto à repressão dos crimes internacionais[11], significando que qualquer Estado, em princípio, pode processar e punir os agentes que cometem tais crimes.[12]

Uma vez que os crimes internacionais fazem parte do chamado padrão mínimo universal, onde os valores nos quais se assentam são comuns à sociedade internacional, a dupla incriminação, enquanto condição em que se afere se uma conduta consiste em crime perante mais de um Estado, perde a importância dada a universalidade.

Em outras palavras, a dupla incriminação, como *condição para o exercício da jurisdição para os crimes internacionais*[13] é presumida, pois os crimes internacionais são passíveis, em tese, de persecução por todos os Estados, dentro da chamada jurisdição universal.

Todavia, o direito penal internacional é também o resultado da influência dos aspectos internacionais no direito penal, para o qual daremos o nome de *direito penal internacional em sentido estrito*.

Os aspectos internacionais do direito penal são encontrados, especialmente, na disciplina da cooperação jurídica internacional em matéria penal,

---

10 Conforme está disposto no Estatuto do Tribunal Penal Internacional (art. 5º).

11 Ver mais sobre crimes internacionais em CASSESE, Antonio. op. cit., 2008. CASSESE, Antonio. op. cit., 2009. CRYER, Robert et al. *An introdution to international criminal law and procedure.* Cambridge: Cambridge, 2010. BASSIOUNI, M. Cherif. *Crimes against humanity*: historical evolution and contemporary application. New York: Cambridge, 2011. DELMAS -MARTY, Mireille; CASSESE, Antonio. *Crimes internacionais e jurisdições internacionais.* Barueri: Manole, 2004. FISCHER, Horst et al. *International and national prosecution of crimes under international law*: current developments. Berlim: Berlin Verlag Arno Spitz, 2001. MIRANDA, José Irineu de Resende. *O Tribunal Penal Internacional frente ao princípio da soberania.* Londrina: Eduel, 2011.

12 A exemplo do Caso Pinochet. Pinochet governou o Chile de 1973 a 1990. Assumiu o poder através de um decreto lei que instituiu uma Junta Militar, estabelecida após a derrubada do governo do socialista eleito pelo povo, Salvador Allende. Em 1998, viajou ao Reino Unido para tratamento médico. Sob alegação de tortura, homicídio, genocídio e desaparecimento forçado de pessoas durante a Operação Condor, Pinochet foi preso no Reino Unido por meio de uma ordem de prisão expedida pelo juiz espanhol Baltazar Garzón. Ver mais sobre o caso Pinochet em CASSESE, Antonio. op. cit., 2009, p. 872. MACHADO, Maira Rocha. *Internacionalização do direito penal*: a gestão de problemas internacionais por meio do crime e da pena. São Paulo: Direito GV; Ed. 34, 2004.

13 A dupla incriminação como condição para a jurisdição e para a extradição será analisada no tópico seguinte.

na qual a extradição se insere, e por conseqüência, a cláusula da dupla incriminação.[14]

O *direito penal internacional em sentido estrito* equivale ao conjunto de regras penais e internacionais que regula os fatos transfronteiriços de natureza penal.

É nesse âmbito de aplicação do direito penal internacional que a dupla incriminação ocupa espaço de substancial relevo, enquanto *condição para a extradição*, sendo cláusula que aparece nos tratados com grande freqüência.

3. A DUPLA INCRIMINAÇÃO COMO CONDIÇÃO PARA A EXTRADIÇÃO E A DUPLA INCRIMINAÇÃO COMO CONDIÇÃO PARA A JURISDIÇÃO

Segundo Christine Van den Wyngaert, a dupla incriminação pode ser exigida como *condição para a extradição*, mais comumente conhecida, e para o *exercício da jurisdição extraterritorial*.[15]

Para a autora, a dupla incriminação como condição para a extradição relaciona-se à incriminação do comportamento segundo a lei doméstica (*lex fori*), isto é, o tribunal que examina o pedido de extradição (Estado requerido) deve analisar se o comportamento criminoso objeto do pedido é punível segundo suas próprias leis. A análise da dupla incriminação desenvolve-se no contexto de aplicação do princípio da territorialidade da lei penal.

Já a dupla incriminação como condição para a jurisdição está relacionada à incriminação do comportamento segundo a lei do local do crime (*lex loci delicti*), quando, então, o juízo deve examinar se a conduta é punível também de acordo com a lei do local onde foi cometida.[16]

Assim, a dupla incriminação como condição para o exercício da jurisdição decorre da aplicação da extraterritorialidade e sua exigência depende, por sua vez, do princípio que estabelece a jurisdição extraterritorial.

---

[14] É de se ver que outros temas fazem parte do direito penal internacional quando estamos diante dos aspectos internacionais do direito penal, assim, por exemplo, a detração, expulsão e deportação, os quais, por não estarem relacionados ao objeto desta obra, não serão abordadas.

[15] WYNGAERT, Christine van den. Double criminality as a requirement to jurisdiction. In: JAREBORG, Nils (Ed.). *Double criminality*: studies in international criminal law. Uppsala: Iustus Förlag, 1989. p. 43-56.

[16] A autora dá o exemplo de um cidadão belga que na Alemanha teria jantado sem pagar a conta, retornando à Bélgica e sendo lá processado por *grivellerie*, por forca do principio da personalidade ativa, cabe ao juiz indagar se tal fato é também crime na Alemanha. WYNGAERT, Christine van den. op. cit., p. 46.

A extraterritorialidade e a territorialidade da lei penal são tratadas pela doutrina penal no âmbito de validade da norma penal no espaço e, no âmbito do direito penal internacional dentro dos princípios da jurisdição estatal.

Sobre a territorialidade da lei penal, devemos lembrar que a regra é os Estados exercerem a jurisdição dentro de seu território.[17]

É comum, todavia, os Estados preverem, em suas leis internas, a extraterritorialidade da lei penal, isto é, o exercício da jurisdição estatal para fatos cometidos além de suas fronteiras.

A extraterritorialidade é baseada em princípios, que legitimam o exercício da jurisdição, sem os quais não é possível falar em jurisdição sobre fato cometido em território estrangeiro.

Os princípios que legitimam o exercício da jurisdição extraterritorial são: (i) princípio da personalidade ativa e passiva, o qual toma em consideração a nacionalidade do agente do delito ou da vítima, isto é, os Estados tem o direito de estender suas leis para seus nacionais onde quer que eles estejam; (ii) princípio da proteção, através do qual o Estado reserva-se o direito de exercer a jurisdição sobre determinadas matérias, de interesse vital, como a falsidade e a circulação de sua moeda em outro território; (iii) princípio da jurisdição universal, já referido, que permite ao Estado regular condutas fora de seu território para cumprir dois objetivos, um dever de cooperação internacional e combate à impunidade, e para proteger valores essenciais para a comunidade.[18]

Numa análise sobre a aplicação da dupla incriminação de acordo com os diferentes princípios citados, a dupla incriminação: (i) é sempre aplicada nos casos de extraterritorialidade decorrente do princípio da personalidade ativa, com algumas exceções[19], (ii) é sempre aplicada nos casos decorrentes do princípio da personalidade passiva; (iii) nunca é aplicada nos casos do

---

17 Segundo Hildebrando Acciolly; Paulo Borba Casella e G.E. do Nascimento e Silva, território *"é elemento constitutivo do estado, representado pela porção da superfície do globo terrestre sobre a qual este exerce, habitualmente, sua dominação exclusiva, ou conjunto de direitos, inerentes à soberania, como exprime a dimensão espacial, na qual se encontra instalada e vive a humanidade."*, *in* ACCIOLY, Hildebrando; CASELLA, Paulo Borba; SILVA, G. E. do Nascimento e. *Manual de direito internacional público.* São Paulo: Saraiva, 2008. p. 515.

18 Em sala de aula, André de Carvalho Ramos acrescenta aos casos de jurisdição universal:: 1) jurisdição universal comum ou grotiana – em nome da cooperação, de combater a impunidade, existiria um dever de entrega e de punir; 2) jurisdição universal qualificada: para os crimes internacionais (*jus cogens*), onde os Estados atuam no interesse da comunidade internacional. 2.1) jurisdição qualificada imperfeita: quando a lei internacional exige a custódia do indivíduo para o inicio de sua ação. Protege os valores essenciais desde que o indivíduo esteja no seu territorio. 2.2) jurisdição quallificada absoluta permite a aplição da lei mesmo que o perpetrador da conduta sequer esteja no território do *forum delicti comissi.*

19 A autora cita o direito germânico que excepciona alguns crimes sexuais e o crime de aborto, isto é, reserva para si o direito de, exclusivamente, analisar o fato como crime.

princípio da proteção[20], e é presumida nos casos de jurisdição universal, porque os fatos seriam puníveis em todos os Estados; aplicando-se, por fim, nos casos de jurisdição decorrente do princípio da representação.

Quanto à aplicação da dupla incriminação como *condição para a extradição*, dela passaremos a discorrer nos tópicos seguintes.

3.1 A territorialidade da lei penal

Ao contrário do que ocorreu nas origens do direito internacional[21], a regra que impera em termos de jurisdição é a da territorialidade penal. Assim, o alcance da lei penal (*lex fori)* para os fatos criminosos ocorridos no estrangeiro (*lex delicti comissi*), tal como referido acima, constitui-se uma exceção no direito interno, a ser aplicada em hipóteses limitadas, como aquelas previstas no artigo 7º, do Código Penal brasileiro.

Com relação à territorialidade penal, Quintano Ripollés faz uma interessante abordagem sobre o duplo caráter da territorialidade penal, em termos absoluto e relativo.

Para Ripollés, a territorialidade penal em termos absolutos está insitamente vinculada à noção de relações internacionais que os romanos emprestavam ao seu direito[22], ou seja, ao Estado pouco importa o que ocorre além de suas fronteiras, por mais atroz que seja o crime praticado. Segundo o autor, a visão absoluta da territorialidade é uma visão "robisoniana" da

[20] Nestes casos o estado que exerce a jurisdição extraterritorial reserva-se o direito de definir o fato criminoso porque é de seu único interesse a proteção da segurança nacional, fator que, via de regra legitima o exercício da jurisdição extraterritorial com base no principio da proteção. Interessante que a autora aponta como causa provável para os estados assim procederem (excluindo a dupla incriminação de seu regramento) a recusa de extradição por motivos políticos, para evitá-la, quando os motivos estão relacionados ao exercício da jurisdição por força do princípio da proteção.

[21] Jean Bodin, (1530-1596) defendia a proteção de todos os súditos sob a obediência de um príncipe, para quem "*quando o súdito de um Príncipe se retira para a terra de outro, ele está também sob sua proteção, de modo que, se for perseguido pelo inimigo e feito prisioneiro em terra de outro Príncipe soberano, ele não é prisioneiro de seu perseguidor.*" BODIN, Jean. Os Seis Livros da República. Livro Primeiro. Tradução de José Carlos Orsi Morel. São Paulo: Ícone, 2001. p. 177. (Coleção Fundamentos do Direito). E Hugo Grotius (1583-1645), segundo o qual o estado tem a obrigação de punir seus súditos alcançando suas leis os atos cometidos pelos seus nacionais onde quer que se encontrem, decorrendo daí, inclusive, o dever de extraditar sob a máxima "aut dedere aut punire", GROTIUS, Hugo. *O direito da guerra e da paz (De Jure Belli AC Pacis).* Tradução de Ciro Mioranza. Ijuí: Ed. Unijuí, 2005. v. 2, p. 890. Ou como dizia Beccaria *"La ley penal, fuera del territorio, debe seguir al ciudadano «como la sombra al cuerpo»* BECCARIA, Cesare. *Dei delitti e delle penne*. Tradução de Juan Antonio de Las Casas. Madrid: Alianza Editorial, 2002. p. 126.

[22] Apesar de, internamente, apresentarem-se politicamente organizados, externamente, as relações dos romanos com outros povos eram baseadas na independência e dificilmente em pé de igualdade. Ver mais sobre soberania no mundo antigo em MADRAZ RIVAS, Enrique. *La soberania*: la evolución del concepto hacia una perspectiva internacional. Madrid: Dykinson, 2010.

lei penal no espaço, expressada no velho aforismo *legis non obligant extra territorium*.[23]

A territorialidade da lei penal em termos relativos está também associada a razões de soberania[24], pois circunscreve-se à parcela da jurisdição estatal conhecida por competência territorial penal, compreendida como o poder-dever do Estado de aplicar a sua lei penal e punir as condutas criminosas ocorridas dentro de seu espaço territorial, ou mesmo em navios privados em alto mar e aeronaves privadas no espaço aéreo correspondente, ou navios e aeronaves públicos onde quer que estejam; qualquer que seja, em princípio, a nacionalidade do autor ou da vítima do delito.[25]

Todavia, a existência da regra da territorialidade penal não deve ser justificada apenas por razões de soberania. A territorialidade penal possui um vínculo de origem com o sentido da pena criminal, já que a pena deve ser aplicada no território onde cometido o crime para que possa alcançar sua finalidade.[26]

23 De acordo com Ripollés: *"Presupone esta posición el encastillamiento de cada Estado en su órbita jurídico-penal, ajeno a todo lo que pudiere acontecer más allá de las propias fronteras, y en que, hasta el crimen más atroz fuera de ellas perpetrado, es irrelevante para su derecho, una mera 'res inter alios acta.' Como se comprende, esta teoría es una consecuencia lógica del absolutismo estatal y del positivismo, su secuela doctrinal incompatible, por ende, con las más mínimas exigencias de la colaboración y solidariedad entre naciones."* RIPOLLÉS, Quintano. *Tratado de derecho penal internacional e internacional penal.* Madrid: Instituto Francisco de Vitoria, 1957. t. 2, p. 30.

24 *"El principio de la competencia territorial, en el que la norma penal se ejercita jurisdiccionalmente en el 'espacio geográfico sometido a la soberanía de un Estado, es una consecuencia de dicha noción de soberanía y su modo normal de ejercicio en la vía procesal"* RIPOLLÉS, Quintano. op. cit., t. 2, p. 29.

25 *"La territorialidad de la ley penal lleva consigo, como corolario inexcusable, la aceptación del parejo principio de la intranscendencia del status personal del sujeto activo de la infracción, equiparándose a los efectos criminales el nacional extranjero. Es la geografía y no el estatuto personal de ciudadanía lo que manda e impone la ley en virtud de dicho principio"* RIPOLLÉS, Quintano. op. cit., t. 2, p. 32.

26 Ao longo dos séculos foram se desenvolvendo inúmeras teorias sobre a finalidade da pena. Para os adeptos da teoria retributiva, a pena é uma retribuição por um mal cometido, seja por exigência de justiça, seja por expiação. Para os partidários das teorias que defendem a finalidade preventiva da pena, a punição pode cumprir diferentes propósitos dependendo da visão defendida: pode servir à função de ressocialização do autor da infração, criando neste o sentido de respeitar a lei (teoria da prevenção especial positiva); pode servir ao propósito intimidatório do comportamento do autor, visando evitar a reincidência no cometimento de um crime (teoria da prevenção especial negativa); pode servir à prevenção geral, isto é, deixa o escopo do agente do delito e alcança a sociedade, num propósito intimidatório ou de desencorajamento de potenciais autores de delitos (prevenção geral negativa), ou para um fim positivo a toda a sociedade e não mais para os potenciais agentes de delito, isto é, de reafirmar a todas as pessoas os deveres normativos que devem ser respeitados, possuindo a pena a finalidade de transmitir a comunicação de que a transgressão desses deveres não serão admitidos pelo Direito (prevenção geral positiva). Sobre a função da pena na sociedade, ver mais em JAKOBS, Günther. *La pena estatal*: significado y finalidade. Tradução de Manuel Cancio Meliá e Bernardo Feijoo Sanchez. Madrid: Thomson Civitas, 2006.

Lembrando os ensinamentos de Bentham[27], Quintano Ripollés ensina que já no século XVIII, Bentham esgrimia as razões para se aplicar a pena no lugar em que cometido o crime, sustentando a tese de que a pena é tanto mais útil quando mais próxima se faz do lugar do crime, no tempo e espaço em que cometido.[28]

É de se ver que Beccaria já afirmava que o fim da pena não é outro senão o de impedir o réu de causar novos danos a seus cidadãos e retrair aos demais a comissão de outros iguais.[29]

Nas lições de Von Lizt, encontra-se o mesmo sentido à territorialidade da lei penal, *"el mejor modo de cooperar a la lucha contra los enemigos de la sociedad humana, es hacer que el castigo sea infligido por el Estado cuyo territorio fue teatro del crimen: forum loci delicti commissi.* [30]

Não é outro o ensinamento de Cerezo Mir, para quem é conveniente que o fato seja julgado e as penas aplicadas no país em que cometido o delito.[31]

Para o também espanhol Anton Oneca, o delito ataca as condições de existência de um grupo social organizado e provoca sentimentos de alarde que a pena pode apaziguar, razão pela qual é preciso que a pena seja imposta no lugar onde cometido o delito.[32]

Ademais, aduz-se, em favor da aplicação da territorialidade penal, razões práticas da melhor busca pela prova, como lembram os autores citados, Cerezo Mir e Anton Oneca.[33]

Portanto, a territorialidade penal não se circunscreve a razões de soberania, justificando-se, principalmente, em face do sentido da pena. Não é por outra razão que Quintano Ripollés defende que, em virtude da crescente interdependência dos Estados, *o principio de la territorialidad absoluta*

---

27 Referindo-se a Jeremy Bentham (1748-1832), *Théorie des peines et des recompenses, Lb. I, Cap.XI.*

28 RIPOLLÉS, Quintano. op. cit., t. 2, p. 29-30.

29 "*El fin pues no es otro que impedir al reo causar nuevos daños a sus ciudadanos y retraer a los demás de la comisión de outros iguales.*" BECCARIA, Cesare. op. cit., p. 51.

30 VON LISZT, Franz. *Tratado de derecho penal.* Tradução de Luis Jimenez de Asua. Madrid: Instituto Editorial Reus, 1927. t. 2, p. 183.

31 No original: "*En relación con los fines de la pena, desde el punto de vista de la reafirmación del ordenamiento jurídico y de la prevención general es conveniente que el hecho sea juzgado y las penas aplicadas en el país en que se cometió el delito. Lo mismo cabe decir en cuanto a la prevención especial, sobre todo en relación con la corrección o enmienda del delincuente, siempre que se trate de delincuentes españoles o extranjeros domiciliados y enraizados ya en España. En otro caso sería más conveniente que el extranjero fuese juzgado y penado en su propio país. Se sacrifican, pues, aquí en cierta medida las exigencias de la prevención especial en aras de la retribución y la prevención genera*l." Interessante que o autor, no tocante à finalidade de prevenção especial da pena, ressalta a importância de o Estado julgar e reprimir os seus nacionais. CEREZO MIR, Jose. *Curso de derecho penal español*: parte general. Madrid: Tecnos, 2006. p. 240.

32 ONECA, Anton. *Derecho penal*: parte geral. Madrid: Akal, 1986. p. 132.

33 CEREZO MIR, Jose. op. cit., p. 240. ONECA, Anton. op. cit., p. 132.

hállase actualmente en latente crisis, al paso que el de la relativa, como norma primaria de competencia, conserva todo su tradicional prestigio.[34]

3.2 *Crimes transfronteiriços e a cooperação internacional em matéria penal*

Ainda que o Estado possua o poder-dever de prescrever e julgar condutas sociais relativamente a bens e pessoas que se encontram sob sua jurisdição[35], o fato criminoso não, necessariamente, estará sujeito, exclusivamente, à lei interna daquele Estado.

Não raras às vezes o crime transborda os limites territoriais de um Estado, isto é, o seu cometimento envolve o cruzamento de fronteiras[36], como ocorrem com os crimes à distância, onde a ação e o resultado do delito apresentam-se em territórios distintos.

O cruzamento de fronteiras, no mínimo, de mais de um país, pode ocorrer, também, a título de exemplo, no transporte de substância entorpecente do país de origem, ou de passagem, ao país de destino da droga, quanto, em tese, pode ser punido, com base na regra da territorialidade, por quaisquer deles.

Convém recordar, igualmente, quando os efeitos da conduta criminosa são sentidos em mais de um país, como na utilização do sistema bancário de um Estado para a evasão de divisas de outro, ou, até mesmo quando o grupo criminoso se estrutura em mais de um território, como ocorre com a criminalidade organizada transnacional, que se utiliza, por exemplo, do sistema bancário de um país para a lavagem de dinheiro proveniente de crime cometido em outro.

Na atual sociedade globalizada, a supressão das fronteiras comerciais e a velocidade das informações acercaram os limites territoriais, deram origem e fomentaram várias hipóteses delitivas em que os Estados necessitam de ajuda estrangeira para executar sua jurisdição.

Em quaisquer dessas hipóteses, apesar de o Estado possuir jurisdição sobre o fato criminoso, à luz da regra da territorialidade penal, a persecução do delito e o alcance do êxito de sua repressão dependerá do auxílio de outro Estado, isto é, do território estrangeiro onde se encontra o indivíduo acusado ou onde se localizam as provas.

---

34 RIPOLLÉS, Quintano. op. cit., t. 2, p. 30.

35 LOWE, Vaughan. Jurisdiction. In: EVANS, Malcolm D. (Ed.). *International law*. 1. ed. Oxford Press, 2003. p. 329-355. Lowe divide o exercício da jurisdição em uma jurisdicao prescritiva, a qual estabelece o dever-ser para as condutas sociais, a jurisdicao do *enforcemen*t, isto é, a da implementacao, como o poder de coercitvamente realizar a jurisdição prescritiva e a jurisdição em sentido estrito, jurisdição de adjucação, de apreciação e julgamento.

36 Não, necessariamente, físico, como ocorre com o cruzamento de divisas entre os Estados.

Sobre a moderna criminalidade e a necessidade da cooperação jurídica internacional enfatizam Isidoro Blanco Cordero e Isabel Sanchez Garcia Paz que as atuais organizações criminosas aproveitam-se das vantagens oferecidas pelo novo espaço mundial econômico, ao passo que os Estados são incapazes de controlar esse fenômeno, a menos que recorram a medidas de caráter internacional, como as medidas de cooperação jurídica internacional.[37]

Em termos de extradição, em muitos casos o que se vê é a necessidade de se realizar a cooperação diante da fuga do processado ou condenado para outro território. A cooperação entre os Estados, nestes casos, é fundamental para evitar-se os chamados "paraísos de impunidade".[38]

Por isso, um grande número de tratados e acordos bilaterais de cooperação jurídico-penal tem sido ratificados por vários países no esforço de desenvolverem um regime de cooperação internacional penal.[39]

Portanto, a dupla incriminação, como uma *condição à extradição*, não somente está vinculada à disciplina do direito penal (aos regramentos

---

[37] *"La moderna criminalidad no es ajena a los grandes procesos y cambios contemporáneos. La globalización de la economía es el factor más importante que ha influido en el desarrollo y expansión de la criminalidad a nivel mundial. Las grandes organizaciones criminales tienen una gran habilidad para aprovechar las ventajas que ofrece el nuevo espacio mundial, con la creación de zonas de libre comercio en algunas regiones del mundo, en las que se produce una permeabilización económica de las fronteras nacionales y se reducen los controles. La habilidad para utilizar las condiciones y recursos que ofrece el nuevo espacio mundial explica la extraordinaria expansión de las grandes organizaciones criminales, como las conocidas Cosa Nostra, Camorra, N'drangheta, los Yakuzas japoneses y las Triadas chinas, los Cárteles de Colombia y México, las organizaciones criminales rusas, turco-kurdas o italoamericanas , (...) Es evidente que los sistemas penales de los Estados individuales son incapaces de hacer frente a las actividades del crimen organizado, especialmente cuando éste alcanza una dimensión internacional. Por ello, la respuesta más adecuada es la cooperación internacional en materia penal. En definitiva, podemos concluir que el crimen organizado es un fenómeno internacional, que requiere acudir a medidas de carácter internacional para enfrentarse a él."* BLANCO CORDERO, Isidoro - SÁNCHEZ GARCÍA DE PAZ, Isabel: "*Principales instrumentos internacionales (de Naciones Unidas y la Unión Europea) relativos al crimen organizado: la definición de la participación en una organización criminal y los problemas de aplicación de la ley penal en el espacio*".

[38] Nesse sentido, Denise Neves Abade: *"De fato, as fronteiras políticas dos Estados limitam o seu exercício de jurisdição penal e tornam, muitas vezes, impossível fazer valer a lei penal ou processual penal nos eventos transfronteiriços. Consequentemente, caso não houvesse cooperação entre os Estados, os esforços de um Estado em aplicar a lei ficariam frustrados quando certos atos devessem ser realizados em território de outro Estado."* ABADE, Denise Neves. *Direitos fundamentais na cooperação jurídica internacional:* extradição, assistência jurídica, execução de sentença estrangeira e transferência de presos. São Paulo: Saraiva, 2013. p. 31.

[39] No contexto da lavagem de dinheiro, expõe Bruce Zagaris *"Laws are being ratified in several countries in an effort to developed an international criminal co-operation regime. As international criminal co-operation regime establishes a set of rules among governments and international organizations that requires co-operation in the investigation, prosecution, adjudication, and execution of judgments of criminal matters."* ZAGARIS, Bruce. International Anti-Money Laundering Regime. In: ATKINS, Richard D. (Ed.). *The alleged transnational criminal*: the second biennal international criminal law seminar. Madrid: Martinus Nijhoff Publishers and International Bar Association, 1993. p. 127-217.

internos dos Estados), como do direito penal internacional, em face de sua inserção nos tratados de extradição.

3.3 *O escopo da pesquisa*

O presente Capítulo teve por objetivo definir o espaço de aplicação da dupla incriminação no direito penal internacional a fim de direcionar o leitor ao objetivo desta pesquisa.

Assim, em primeiro lugar, não se pretende situar o presente trabalho no aspecto da jurisdição universal dos crimes internacionais, onde a dupla incriminação é presumida.

Em segundo lugar, não se objetiva avançar no campo da extraterritorialidade penal mais do que já se fez brevemente acima, onde a dupla incriminação é *condição para a jurisdição.*

O escopo da presente obra está adstrito aos aspectos internacionais do direito penal e, particularmente ao campo da chamada cooperação jurídico-penal entre Estados[40], na estrita seara da extradição, onde a dupla incriminação é condição para a extradição.

Portanto, o desenvolvimento do trabalho leva em conta a dupla incriminação no âmbito da ação de extradição, decorrente do exercício da jurisdição penal estatal territorial, e particularmente sob a visão da ação de extradição passiva, da qual nos ocuparemos daqui em diante.[41]

---

[40] Também chamada de "cooperação horizontal", em comparação à "cooperação vertical", entre organismos internacionais e Estados.

[41] Explica Christian Herrera Petrus que a atividade jurisdicional é uma função soberana, ao ponto em que o exercício dessa função além das fronteiras do Estado supõe uma ingerência no âmbito de soberania do outro Estado e uma violação de direito internacional. Para que tal não ocorra, há a necessidade da colaboração interestatal, a que o autor denomina de assistência jurisdicional. HERRERA PETRUS, Christian. *La obtención internacional de pruebas*: asistencia jurisdiccional en Europa. Bolonha: Publicaciones Del Real Colégio de España, 2005. p. 27-39.

TÍTULO II

A DUPLA INCRIMINAÇÃO E A EXTRADIÇÃO

1. CONCEITO. TIPOLOGIAS

A dupla incriminação é uma condição historicamente exigida pelos Estados em suas relações internacionais de cooperação jurídico-penal, para efeito de extradição.[1]

Na gramática do instituto da extradição, sua menção assume, via de regra, o termo geral "dupla incriminação", significando *o fato pelo qual a extradição é solicitada deve ser crime perante a legislação do Estado requerente e do Estado requerido*.[2]

Por tal concepção, entende-se que o Estado destinatário do pedido de extradição (Estado requerido) é obrigado a analisar o fato criminoso constante da solicitação estrangeira (Estado requerente), pelo qual se requer a extradição, adequando-o a um tipo penal de seu próprio ordenamento jurídico. O pedido estrangeiro só será acolhido se o requisito, ou seja, a subsunção do

---

1 A dupla incriminação, como condição para o deferimento do pedido estrangeiro, também está presente em outros instrumentos de cooperação jurídica internacional, como a assistência direta e a transferência de presos, os quais não serão abordados nesta pesquisa, que vincula-se à extradição.

2 Conforme ensinam os penalistas que se debruçam sobre a matéria, bem assim, os manuais de Direito Internacional e a doutrina especializada podendo-se citar alguns: RIPOLLÉS, Quintano. op. cit., t. 1 e v. 2. BERDUGO, Ignácio et al. *Curso de direito penal*: parte geral. Barcelona: Experiência, 2004. p. 92; ONECA, Anton. op. cit., p. 145; BUSTOS RAMIREZ, Juan J. *Leciones de derecho penal*: parte geral. Madrid: Trotta, 1997. t. 1, p. 118. CARBONELL MATEU, Juan Carlos. *Derecho penal*: conceptos y princípios constitucionales. Valencia: Tirant lo Blanc, 1999. p. 180; CEREZO MIR, Jose. op. cit., p. 284; LUZON PENA, Diego-Manuel. *Curso de derecho penal*: parte general. Madrid: Universitas, 2004. v. 1, p. 216; MUNOZ CONDE, Francisco. *Derecho penal*: parte general. Valencia: Tirant Lo Blanch, 2007. p. 162. VON LISZT, Franz. op. cit., v. 2. JESCHECK, Hans Heinrich. *Tratado de derecho penal*: parte general. Barcelona: Bosch, Casa Editorial, 1981. p. 92. Tradução vertida do alemão para o espanhol realizad por Mir Puig e Muñoz Conde; ACCIOLY, Hildebrando. *Tratado de direito internacional público*. São Paulo: Quartier Latin, 2009. v. 1, p. 519; REZEK, Francisco. *Direito internacional público*: curso elementar. 13. ed. São Paulo: Saraiva, 2011. SHEARER, I. A. *Extradition in international law*. Manchester: University of Manchester, 1971. JAREBORG, Nils (Ed.). *Double criminality*: studies in international criminal law, cit. DONNEDIEU DE VABRES, H. *Traitê elémentaire de droit criminel*. Paris: Librãirie Du Recueil Sirey, 1932.

fato criminoso à norma penal primária[3] do ordenamento jurídico do Estado requerido, estiver satisfeito.[4]

Não raras às vezes, entretanto, o termo "dupla incriminação"[5] ou dupla tipicidade vem associado a outras terminologias, como "dupla identidade"[6] "dupla punibilidade", "dupla procedibilidade", "dupla penalização", "dupla responsabilidade", "dupla culpabilidade", "equivalência de crimes"[7].

À exceção dos termos "dupla tipicidade" e "equivalência de crimes", as demais terminologias sugerem um alcance muito mais além do sentido de identidade de crimes, pois avançam para o terreno da responsabilidade penal, da punibilidade e da procedibilidade.

Tais terminologias podem guardar relação com outras cláusulas de recusa de extradição, como é o caso da existência da prescrição do fato (em relação ao sentido de "punibilidade"), ou da idade do extraditando (com relação à "culpabilidade"), e mesmo mínimo de pena (relativamente à "dupla penalização"), as quais serão vistas mais adiante, quando da exposição do conceito de dupla incriminação de acordo com sua classificação.

Em verdade, a adoção da melhor terminologia vai depender da política criminal de cada Estado e do que se entende por "crime".

Neste livro, adotar-se-á indistintamente a expressão "dupla incriminação" e "dupla tipicidade", a primeira, por estar mais próxima à nomenclatura utilizada nos tratados de extradição firmados pelo Brasil, e, a segunda, por ser a referência adotada pela Suprema Corte brasileira.

---

3 Também chamada de preceito primário. Sobre a estrutura das normas penais, veja-se o ensinamento do penalista italiano Francesco Antolisei: *"Las normas penales de ordinario están constituidas por dos elementos: el precepto (praeceptum legis) y la sanción (sandio legis). El precepto es la orden de observar un determinado comportamiento, es decir, de no realizar algo o de cumplir determinada acción; la sanción es la consecuencia jurídica que debe seguir a la infracción del precepto".* ANTOLISEI, Francesco. *Manual de derecho penal*: parte general. Bogotá: Temis, 1988. p. 32.

4 À toda evidência, estamos tratando da dupla incriminação sob a perspectiva do Estado requerido, pois, logicamente, o Estado requerente não demandaria um pedido de extradição sobre fato que considera lícito.

5 Na língua inglesa, adota-se "double criminality" ou "dual criminality". No espanhol, "double incriminación" e no francês "double incrimination". Por "incriminação" entende-se a tarefa de imputar, acusar alguém de um crime. Ver DIREITO Virtual. *Dicionário jurídico*. Disponível em: <http://www.direitovirtual.com.br/?section=dicionario_portugues-inicial&termo=I>. Acesso em: maio 2012.

6 Quintano Ripollés refere-se à "identidade normativa", embora, com isso, não queira dizer que os tipos necessitam ser idênticos. RIPOLLÉS, Quintano. op. cit., t. 2, p. 209. Explica Sonja Gafner d'Aumeries que Lammasch foi o primeiro a desenvolver o conceito de normas idênticas (Lammasch, 1887). Para Sonja essa terminologia é fortemente contestada atualmente porque mostra-se inadequada uma vez que as disposições penais dos Estados são raramente idênticas. D'AUMERIES, Sonja Gafner. *Principle de la double incrimination*: en particulier dans les rapports d'entraide judiciaire internationale en matière pénale entre la Suisse et les Etats-Unis. Genève: Faculté de Droit de Genève; Helbing &Lichtenhahn, 1992. p. 11.

7 PLACHTA, Michael. The role of double criminality in international cooperation in penal matters. In: JAREBORG, Nils (Ed.). *Double criminality*: studies in international criminal law. Uppsala: Iustus Förlag, 1989. p.104.

2. ORIGEM. A EXTRADIÇÃO

A dupla incriminação foi concebida na gramática dos primeiros tratados de extradição voltados à figura do criminoso comum. Sua origem remonta ao desenvolvimento histórico da extradição.

É da autoria de Francisco Rezek um dos conceitos mais citados pela doutrina, para o qual extradição é a entrega, por um Estado a outro, e a pedido deste, de pessoa que em seu território deva responder a processo penal ou cumprir pena.[8]

Celso R.D. de Albuquerque Mello ensina que a palavra extradição teria sido empregada pela primeira vez em um decreto do governo francês, em 1791.[9]

O termo, por sua vez, vem do latim *extradere*, que significa o retorno forçado de uma pessoa para sua soberania.[10]

Os internacionalistas costumam citar o tratado de paz entre Ramsés II, Faraó do Egito, e o Rei dos Hititas, Hattusili III, como o documento diplomático mais antigo assinado com o propósito de selar um acordo visando o retorno de pessoas fugitivas ao território de sua soberania.[11] O documento data de 1280 a.C., e estaria escrito em hieróglifos esculpidos no Templo de Amon em Karnak, no Egito, e em tabuletas de argila junto aos arquivos dos Hititas em Bogazkale ou Bogasköy (antiga cidade de Hattusa), na Turquia.[12]

Da antiguidade até o Séc. XVIII[13], ao contrário do que excepciona seu regramento hoje, a extradição voltava-se, eminentemente, à entrega do criminoso político e do desertor militar.

---

8 REZEK, Francisco. op. cit., p. 230.

9 MELLO, Celso D. de Albuquerque. Extradição: algumas observações. In: TIBURCIO, Carmen; BARROSO, Luís Roberto (Coord.). *O direito internacional contemporâneo* . São Paulo: Renovar, 2006. p. 197.

10 *"A more commonly accepted explanation for the term "extradition" is its Latin original extradere, which means forceful return of a person to his sovereign*". BASSIOUNI, M. Cherif. *International extradition*: United States law and practice. 5. ed. New York: Oxford University Press, 2007. p. 3

11 BASSIOUNI, M. Cherif. *International extradition*: United States law and practice, cit., p. 4. SHEARER, I. A. op. cit., p. 5. MELLO, Celso D. de Albuquerque. op. cit., p. 195.

12 BASSIOUNI, M. Cherif. *International extradition*: United States law and practice, cit., p. 4.

13 Para Bassiouni: *"The history of extradition can be divided into four periods: (1) ancient times to the seventeenth century – a period revealing an almost exclusive concern for political and religious offenders.; (2) the eighteenth century and half of nineteenth century – a period of treaty-making, chiefly concerned with military offfenders characterizing the condition of Europe during that period "(3) 1833 to 1948 – a period of collective concern for suppressing common criminality; and (4) post-1948 developments, which ushered in a greater concern for protectinf human rights of persons and revealed an awareness of the need to have international due process of law regulate international relations."* BASSIOUNI, M. Cherif. *International extradition*: United States law and practice, cit., p. 5. Explica o autor que a segunda fase é mencionada com base no exame dos tratados na Europa firmados entre 1718 a 1830 compilados por G.F.Martens, *in Nouveau Recueil de Traités*

Assim, a extradição nem sempre foi conduzida com o objetivo de capturar o criminoso comum, tal como ocorre nos dias atuais. As infrações extraditáveis eram aquelas cometidas contra a figura do monarca ou imperador, como *treason* e *rebellion*.[14]

Naquela época, os conceitos de ordem pública e soberania estavam intimamente ligados à pessoa do monarca ou governante. As ofensas que perturbavam a ordem interna eram aquelas que perturbavam o poder monárquico, isto é, que poderiam ameaçar a soberania estatal. Afinal, ofender a ordem interna equivalia ofender o próprio Estado.[15]

Explica BASSIOUNI que *criminosos comuns eram menos procurados porque suas condutas danosas afetavam outros indivíduos e não à soberania ou a ordem pública.*[16]

Como os tratados de extradição eram celebrados com o objetivo de selar a paz ou uma aliança visando à manutenção da paz, as infrações extraditáveis costumavam ser aquelas que ajudavam por a termo o conflito ou evitá-lo. Por essa razão, as infrações constavam do corpo do acordo internacional.[17] Não havia a necessidade de se prever a cláusula da dupla incriminação, pois nenhum outro crime seria objeto de extradição, senão aqueles especificamente previstos no acordo.

No Séc. XIX, o interesse estatal no progresso econômico e em tudo que pudesse afetá-lo transmudou o objeto da extradição.

A extradição, seguindo o curso da História, moldou-se no desenvolvimento das relações comerciais, no aparecimento das primeiras ferrovias e dos navios a vapor, e na importância de se punir os criminosos comuns que ofendiam o progresso econômico e financeiro da Nação. O próprio sentido de Nação não era mais puramente político.[18]

(Gottingue, Dieterich 1842), onde dos 92 tratados concluídos durante este período, 28 deles eram exclusivamente voltados aos desertores militares.

14 BASSIOUNI, M. Cherif. *International extradition*: United States law and practice, cit., p. 5.

15 VATTEL, Emer de. *O direito das gentes*. Tradução Vicente Marotta Rangel. Brasília: Instituto de Pesquisa de Relações Internacionais; Ed. da UnB, 2004. p. 229.

16 BASSIOUNI, M. Cherif. *International extradition*: United States law and practice, cit., p. 5.

17 SHEARER narra que a figura do criminoso comum aparece apenas incidentalmente em alguns tratados de paz e aliança do século XVIII e começo do século XIX, em que o desejo de entregar o criminoso ordinário era o de demonstrar cordialidade e cooperação, como o *Jay Treaty* de 1794, assinado pela Rainha da Grã-Bretanha e os Estados Unidos da América e o *Treaty of Amiens* de 1802. SHEARER, I. A. op. cit., p. 5. Sobre o conteúdo integral desses instrumentos ver: TREATY of Amity, Commerce and Navigation. *Jay's Treaty-1794*. Disponível em: <http://www.earlyamerica.com/earlyamerica/milestones/jaytreaty/text.html> e THE TREATY of Amiens. Disponível em: <http://www.napoleon-series.org/research/government/diplomatic/c_amiens.html>.

18 No séc. XIX, a palavra "nação" será utilizada na revolução industrial, o estado nacional seria aquele que defenderia também a economia nacional contra a superioridade, por exemplo, britânica. O uso

De outro lado, passou-se a entender que o indivíduo merecia proteção do Estado. O Estado foi obrigado a ter um olhar sobre o indivíduo.

Despontaram à época, nos campos da Filosofia e Ciência Penal, pensamentos que tinham o indivíduo como sujeito de direitos e liberdades. Nascia, na seara penal, a moderna ciência penal com influência na obra *Dei delitti e delle pene,* de 1764, de Cesare Bonesana, o Marquês de Beccaria.[19]

A Filosofia da Ilustração e as reflexões de Beccaria influenciaram os penalistas da chamada Escola Clássica. Rossi, Carmignani e Carrara, na Itália, e Feuerbach e Bentham, fora da Itália, foram os responsáveis pela formação do Direito Penal liberal, fundado nos ideais da *legalidade*, como meio de defesa dos direitos fundamentais, e do caráter *humanitário* das penas.[20]

---

teve fim econômico. HOBSBAWM, Eric J. *Nações e nacionalismo*. 5. ed. São Paulo: Paz e Terra, 2008. p. 11-61.

19 Sobre o contexto da obra, ensina BERDUGO: *El contenido de esta obra no surge ex novo sino que viene precedida de una coyuntura histórica y cultural que favorecía el que surgieran estudios de este tipo. La Legislación penal entonces vigente hundía sus raíces en el medioevo y respondía a una concepción teocrática del poder. Además, la propia crisis política del siglo XVIII había ocasionado un notable endurecimiento de la justicia penal. Esta situación entraba en contradicción con las ideas filosóficas imperantes, que defendían un modelo de sociedad que tomaba al individuo y su libertad como punto de partida."* BERDUGO, Ignácio et al. op. cit., p. 104. Sobre a época das luzes e os antecedentes à Beccaria ver MEZGER, Edmundo. *Tratado de derecho penal.* Tradução de José Arturo Rodriguez Munoz. Madrid: Editorial Revista de Derecho Privado, 1935. t. 1, p. 51 *"El hombre y su facultad de pensar se independizan, la ciencia deja de ser la sirviente de la teología, y también el Estado y el Derecho comparecen ante el Tribunal de la razón crítica del hombre". Es la época en que muere el Derecho Penal común (v. LISZT-SCHMIDT). A consecuencia de los grandes descubrimientos en las ciencias naturales—• COPÉRNICO, 1473-1543; KEPLERO, I571-1630; GALILEO, 1564-1642; NEWTON, 1643-1727—, aprende el espíritu del hombre a marchar solo por sus propios caminos y se desliga de la tutela de la Iglesia; en la ley de la causalidad aparece la base comprensiva de una nueva concepción del mundo que extiende los pensamientos de la adecuación a leyes, también a la vida social (DROST). Hugo GROCIO (nace en 1583 en Delft, en Holanda; muere en 1645), en su famoso libro De iure belli ac pacis (1625), echa las bases del Derecho Natural y fundamenta la pena en consideraciones de razón. En Alemania merecen citarse los siguientes escritores: PUFENDORF (1632-1694, Profesor en Heidelberg; después, 1668/87. en Suecia; por último, en Berlín), el decidido adversario de los procesos inquisitoriales y de hechicería; Cristian THOMASIUS (1655-1728, Leipzig y Halle) y Cristian WOLFF (1679-1754, Halle y Marburgó), el filósofo del Estado policía iluminado por la razón. En la posterior evolución marcha Francia a la cabeza: M'ONTESQUIEU reclama (1748) la independencia del Poder judicial; ROUSSEAU, en su Contrato Social (1762, libro I I ,capítulo X I) demanda la libertad y la igualdad; VOLTAIRE (1694-1778) exige la reforma de una arcaica administración de justicia. De Italia, finalmente, de la que en todo momento han partido en la evolución penal poderosos impulsos de reforma, llega el inflamado escrito de César BECCARIA (nace en 1738, en Milán, entonces bajo el dominio de Austria; muere en 1794), Dei delitti e delle pene (1764) (2). El término del iluminismo en Alemania y, al mismo tiempo, el paso a una época nueva, lo representa la filosofía de KANT (Profesor en Konigsberg, nace en 1724; muere en 1804). En la esfera del Derecho de castigar defiende los más absolutos principios de la retribución y el fundamento absoluto y categórico de la pena; pero su exigencia práctica del tallón (ojo por ojo, diente por diente, vida por vida) corresponde a épocas ya definitivamente superadas."*

20 Nas palavras do penalista espanhol Antón Oneca: "*La escuela clásica del derecho penal, surgida de la filosofía de la Ilustración, va unida en todas partes al liberalismo político. Los derechos del hombre imponen: el legalismo, o sea, que la ley regule detalladamente la función punitiva para que*

Tais pensamentos propagaram-se no Séc. XIX, nos Códigos penais da Europa e nas novas repúblicas latinoamericanas,[21]

Em um terreno fértil à valorização das liberdades individuais, o fomento à previsão de condições que autolimitassem o poder punitivo dos Estados, inclusive em suas relações com os demais Estados, era uma consequência natural.[22]

Ao mesmo tempo, com o crescimento econômico, um número maior de crimes passou a ser praticado. Os navios a vapor e as ferrovias facilitavam a movimentação das pessoas, e tal como nos dias atuais, em menor escala, surgia a necessidade de se perseguir os criminosos que eventualmente fugissem para outro território. As relações cooperacionais tiveram que ser intensificadas para a repressão dos fatos criminosos ordinários.

É nesse período, de confluência entre os anseios por maiores garantias individuais e a necessidade de cooperação para repressão da criminalidade comum, que a cláusula da dupla incriminação começa a aparecer nos instrumentos internacionais e, desde então, está presente nos tratados e acordos internacionais.

A despeito de sua presença na maior parte dos instrumentos internacionais, explicam Shearer[23] e Peter Olé [24]que a validade da condição da dupla incriminação nunca foi seriamente contestada e, via de regra, os autores

el individuo quede a cubierto de las arbitrariedades de los jueces; y el humanitarismo, esto es: la pena debe limitarse a lo estrictamente necesario, e incluso en muchas ocasiones se dejó sacrificar la necesidad a motivos sentimentales". ONECA, Anton. op. cit., p. 35.

21 BERDUGO, Ignácio et al. op. cit., p. 107. Sobre o fenômeno da codificação diz RIPOLLÉS *"Bien acreditada al siglo XIX, contra la sabia opinión de SAVIGNY, su vocación codificadora, es en él constante la entronización de la ley como fuente primaria ya que no única del Derecho. En casí todos los ordenamientos jurídicos, en todos realmente salvo la excepción alglo-sajona, el imperativo del legalismo tiende a monopolizar la vida toda del Derecho bajo el desideratum del aforismo quod non est in codice non est in mundo. El instrumento de tan constante y mundial movimiento fué la codificación, patrocinada con idéntico entusiasmo por ideologías aparentemente tan diversas y distanciadas como el liberalismo democrático enciclopedista y el autoritarismo prusiano-hegeliano. El positivismo adoptó con entusiasmo como presunto remedio contra las para el indeseables infiltraciones extrajuridicas, sin tener en cuenta que el legalismo surgió con categoría de ídolo, precisamente en la Revolución francesa, como postulado de razón y quintaesencia del jusnaturalismo racionalista del siglo XVIII."* RIPOLLÉS, Quintano. op. cit., t. 1, p. 87.

22 Na mesma época, surgiram as garantias clássicas do direito processual penal para proteção do indivíduo contra as arbitrariedades do poder punitivo estatal. Ensina Luigi Ferrajoli que o Iluminismo do Séc. XVIII adotou o modelo garantista clássico, fundados nos princípios da legalidade estrita, materialidade, lesividade dos delitos, responsabilidade pessoal, contraditório entre as partes e presunção de inocência. FERRAJOLI, Luigi. *Direito e razão*: teoria do garantismo penal. Tradutores Ana Paula Zomer et al. 2. ed. rev. e ampl. São Paulo: Ed. Revista dos Tribunais, 2006. Edição em espanhol de 1995.

23 SHEARER, I. A. op. cit., p. 137.

24 TRASKMAN, Per Olé. Should we take the condition of double criminality seriously? In: JAREBORG, Nils (Ed.). *Double criminality*: studies in international criminal law, cit., p. 145.

satisfazem-se com uma simples observação de que a dupla incriminação é exigida, sem dar maiores detalhes sobre a razão de sua prevalência.

3. CLASSIFICAÇÃO: DUPLA INCRIMINAÇÃO EM ABSTRATO E DUPLA INCRIMINAÇÃO EM CONCRETO

Apesar de largamente conhecida por seu sentido genérico, acima aludido, alguns autores[25] conceituam a dupla incriminação a partir de uma classificação assim estabelecida: dupla incriminação *em abstrato* e dupla incriminação *em concreto*.

A dupla incriminação *em abstrato* corresponde ao significado usualmente conhecido, isto é, o fato constante da solicitação de extradição deve constituir um crime[26] perante ambas as legislações, do Estado requerente e do Estado requerido. Em outras palavras, é preciso que haja previsão bilateral do fato como crime.[27]

---

[25] PLACHTA, Michael. op. cit., p. 108-109. BASSIOUNI, M. Cherif. *International extradition*: United States law and practice, cit., p. 495-496. GARDOCKI, Lech. Double criminality in extradition law. *Israel Law Review*, v. 27, p. 288-296, 1993. Disponível em: <www.heinonline.org>. Acesso em: 14 dez. 2011. D'AUMERIES, Sonja Gafner. op. cit., p. 35-37.

[26] Para o direito internacional, a definição de crime está associada aos seus elementos estruturantes: a) aos elementos materiais (*actus reus*), ou seja, uma conduta (ação ou omissão), suas conseqüências (todos os efeitos da conduta criminal), como, "grande sofrimento" ou "ofensas graves", e suas circunstâncias, como a idade da vitima ou o fato de a vitima ser pessoa protegida (e.g., artigo 8 (2) (a) do Estatuto de Roma; b) ao elemento mental (*mens rea*) ou intento criminoso (art. 30 do Estatuto de Roma); c) às causas de exclusão da responsabilidade criminal (art. 31, do Estatuto de Roma), e, por fim, às penas (art. 77, do Estatuto de Roma), conforme CASSESE, Antonio. op. cit., 2009, p. 56. Para o direito penal interno, o conceito de crime depende da política criminal adotada por cada ordenamento jurídico nacional. Nas palavras da Professora Titular da Universidade de Salamanca, Laura Zúñiga Rodriguez, *"La prueba irrefutable de que la concepción del delito es relativa en el espacio y en el tiempo, resulta de la constatación de que cada Sociedad considera como tal distintas conductas, y en una misma Sociedad, incluso, desaparecen algunas conductas del catálogo de delitos y aparecen otras que existían ya pero no eran catalogadas como tales"*. Citando Delmas-Marty, a autora ainda acrescenta: "*Más allá de un acuerdo común sobre ciertos hechos, como matar, robar, violar, etc., considerados en casi todas las sociedades como crímenes, existe un gran elenco de conductas muy disímiles, sobre todo en países no pertenecientes al mundo occidental, que son considerados delitos. Como recuerda DELMAS-MARTY, 'Modelos actuales de Política Criminal', ob cit., pág. 20, en otras latitudes consideran delito: «(el Dharma de la religión hindú), el rehusar cumplir los deberes propios de su casta y de su nivel de vida, el dar muerte a los animales, la no sumisión al padre y la falta de respeto a los mayores, la ruptura con la tradición, el anteponer su propio bien al de la comunidad, el tener relaciones sexuales antes del matrimonio. Igualmente para los maestros taoístas de la China clásica, que rehusan distribuir las cosas entre el mal y el bien, existe la referencia a las 24 disposiciones que hay que reprimir para alcanzar la "rectitud y la quietud, la sublimación y el vacío de sí mismo"*. DELMAS-MARTY, Mireille *Política criminal*. Madrid: Colex, 2001. p. 68.
No site do Supremo Tribunal Federal, encontra-se a seguinte definição de crime: *"toda violação imputável dolosa ou culposa, comissiva ou omissiva, da Lei Penal"*, conforme dicionário jurídico em SUPREMO TRIBUNAL FEDERAL. *Guia de Direito Constitucional*. Disponível em: <http://www.stf.jus.br/portal/cms/verTexto.asp?servico=bibliotecaConsultaProdutoBibliotecaGuiaDC&pagina=principal>.

[27] CATELANI, Giulio; STRIANI, Daniele. *L'estradizione*. Milano: Giuffrè, 1983. p. 78.

A exigência de previsão bilateral do fato como crime não significa, entretanto, que os tipos penais precisam ter a mesma nomenclatura jurídica.

Michael Plachta explica que o sentido da dupla incriminação *em abstrato* é alcançado com a mera afirmação de que a conduta do agente tem a mesma natureza (criminal) em ambos os Estados, pouco importando o *nomen iuris* atribuído ao comportamento criminoso.[28]

No seu Tratado de Direito Penal Internacional e Internacional Penal, Quintano Ripollés segue a mesma linha, sustentando que não há a necessidade de absoluta uniformidade legislativa, hipótese sumamente excepcional, segundo ele, no panorama comparado vigente. Refere-se o autor a "hecho semejante".[29]

Christine van den Wyngaert é da mesma opinião, entendendo que dupla incriminação não significa identidade de normas. A condição da dupla incriminação está cumprida quando a conduta é punível pela lei de ambos os Estados. As normas não precisam ser idênticas, é suficiente que a conduta seja punível, qualquer que seja sua denominação na legislação.[30]

Bassiouni é mais específico, referindo-se aos elementos constitutivos do crime[31], entendendo que a dupla incriminação não requer a identidade entre os fatos ou mesmo entre seus elementos constitutivos.[32]

---

28 Para o professor de Direito da Universidade de Gdansk, Polônia, a mesma qualificação jurídica não é exigida para o alcance do sentido da dupla incriminação, "*since the laws of two or more states cannot be expected to coincide to the extent that certain acts should invariably be considered as constituting the same offence*". PLACHTA, Michael. op. cit., p. 108-109. É importante acrescentar que o acusado defende-se do fato que lhe é atribuído e não de sua qualificação legal, de acordo com o princípio *narra mihi factum dabo tibi ius*. No mesmo sentido, SHEARER, I. A. op. cit., p. 142.

29 RIPOLLÉS, Quintano. op. cit., t. 2, p. 205.

30 WYNGAERT, Christine van den. op. cit., p. 43. A professora da Universidade de Antwerp e Juíza do Tribunal Penal Internacional dá o seguinte exemplo: a conduta de emitir cheque sem fundos é crime na Bélgica, mas não na França ou na Holanda, Nada obstante, a conduta proibida na Bélgica pode ser crime na França ou na Holanda sob a forma, por exemplo, de negociar ou obter quantia em dinheiro mediante falsas intenções, ou mediante fraude.

31 Os manuais de direito penal explicam que o crime (o tipo penal) é formado pelos seguintes elementos: (1) elemento objetivo (descritivo): são os que se referem à materialidade ou à infração penal, como o verbo nuclear do tipo, as ações ou omissões previstas na norma penal, como as condutas "obter"", "matar", "suprimir"; "omitir"; o lugar; o meio empregado ("induzindo em erro ou mantendo alguém em erro, *mediante artifício, ardil ou qualquer outro meio fraudulento*"), o objeto do crime ("vantagem ilícita"); (2) elemento normativo: são aqueles cujo significado depende de uma valoração jurídica, científica, social, cultural, histórica, política, religiosa, etc., tais como as expressões "sem justa causa", "indevidamente", "dignidade", "estado puerperal", "para si ou para outrem"; "prejuízo alheio"; (3) elemento subjetivo: o dolo e a culpa (para a teoria finalista da ação). Assim, exemplificando, o crime de estelionato para o direito brasileiro (art. 171, do Código penal) constitui-se dos seguintes elementos: "obter vantagem ilícita, em prejuízo alheio, induzindo ou mantendo alguém em erro, mediante artifício, ardil ou qualquer outro meio fraudulento. Ver, a propósito, PRADO, Luiz Regis. *Curso de direito penal brasileiro*: parte geral, arts. 1º a 120. 4. ed. rev. atual. e ampl. São Paulo: Ed. Revista dos Tribunais, 2004. v. 1.

32 "Thus, theft, larceny, embezzlement, and fraud are the same type of crimes and it is not important that the crime charged have the same label, or have the same legal elements as those contained in the

Para Dominique Poncet e Paul Gully-Hart o exame dos elementos constitutivos deve prever a equivalência material e não a equivalência formal dos dispositivos legais. Consequentemente, é suficiente que o comportamento seja contrário à lei de ambos os Estados sem se considerar a denominação do crime.[33]

A Assembleia-Geral da Nações Unidas através da Resolução 45/116, de 14 de Dezembro de 1990, na qual adotou um Modelo de Tratado de Extradição, expressamente afasta a conveniência de se comparar os elementos constitutivos dos crimes entre as legislações dos Estados, requerente e requerido[34], recomendando que na definição dos crimes extraditáveis não se deve considerar a diferença de terminologia, ou se os crimes são da mesma categoria, bem assim, se os elementos constitutivos das leis dos Estados Partes se diferem, pois a totalidade dos atos e omissões apresentados pelo Estado requerente como crime é que devem ser considerados.

O alcance da dupla incriminação *em abstrato* envolve, assim, um juízo puramente objetivo, de adequação jurídico-penal, isto é, de exame das circunstâncias fáticas descritas no pedido estrangeiro comparativamente aos tipos penais previstos na legislação do Estado requerido. Por conseqüência, a análise da dupla incriminação *em abstrato* requer sejam desconsiderados os elementos de ordem subjetiva ou pessoal, relativos à figura do extraditando ou a sua responsabilidade criminal.[35]

A dupla incriminação *em concreto*, ao contrário, envolve todas as excludentes delitivas (legítima defesa, por exemplo)[36], causas de extinção da punibilidade do fato (como prescrição e anistia)[37] e de inimputabilidade do agente (como insanidade mental).[38]

Para Cristine van den Wybgaert, a dupla incriminação em concreto é muito mais que um exame em abstrato sobre ser o crime punível pelas leis de ambos os Estados, isto é, não é suficiente que o crime seja punível "nos

---

crime contained in the criminal law of the requested state." BASSIOUNI, M. Cherif. *International extradition*: United States law and practice, cit., p.500.

33 PONCET, Dominique; GULLY-HART, Paul. The European model. In: BASSIOUNI, M. Cherif (Ed.). *International criminal law*: procedure. New York: Transnational Publishers, 1986. v. 2, p. 480.

34 Sua função é auxiliar os Estados na elaboração dos tratados. UNODC. Disponível em: <www.unodc.org/documents>.

35 PLACHTA, Michael. op. cit., p. 109.

36 Id. Ibid.

37 GARDOCK, Lech. op. cit. p. 290.

38 Id. The socialist system. In: BASSIOUNI, M. Cherif (Ed.). *International criminal law*: procedure, cit., v. 2, p. 140. Entretanto, para o autor, *"Even if the double criminality in concreto is required, determinations in particular cases, such as determination of the accused'sanity or of wheter the accused's acts were self-defense, cannot be resolved by review in extraditional proceedings. Such determinations composing double criminality in concreto can be considered only to the extent that they result from the description of the act in the extradition request or easy to verify"*. (p. 140).

livros"; o juiz deve também analisar os elementos que, nas circunstâncias concretas, justificam ou excusam o ato ou fazem a persecução impossível.[39]

Para Lech Gardock, a dupla incriminação *em concreto* pode ser entendida inclusive como a possibilidade de analisar-se certas condições de procedibilidade, como a decadência do direito de queixa ou representação, *res judicata* e imunidades penais.[40]

Explicita Lech Gardocki que, para entender-se a dupla incriminação, a divisão entre elementos constitutivos, excludentes da incriminação e elementos de punibilidade é atrativa, numa primeira análise, porque parece simples. No entanto, a sistematização com base nos elementos formadores do crime não é fácil de aplicar no direito criminal internacional, embora seja de fácil aplicação e uso no direito interno. Isso porque *algumas das circunstâncias excludentes do crime ou da punibilidade são interpretadas de forma diferente pelos sistemas internos, e o uso deste critério em direito internacional pode gerar confusão*. Por exemplo, a insanidade pode ser considerada tanto circunstância excludente do crime ou somente da punibilidade do agente.[41]

De fato, não existe uma visão universalmente definida pela dogmática penal sobre os elementos estruturantes do delito (ação, tipicidade, antijuridicidade, culpabilidade).

Ao longo dos séculos os elementos estruturantes do conceito de crime sofreram alterações, de acordo com o modelo dominante à época.[42] Ainda hoje, o debate sobre o que vem a ser crime é denso no direito penal comparado e no próprio direito interno, podendo partir de uma visão tripartite de delito como ação típica, antijurídica e culpável[43], bipartite, onde a culpabilidade não é elemento do crime, mas pressuposto de aplicação da pena[44], ou de distinções entre injusto (tipicidade e antijuridicidade) ou injusto culpável; enfim, na prática, está muito particularizado em cada Estado o modo de distinguir ou aproximar os elementos do crime.

---

39 WYNGAERT, Christine van den. op. cit., p. 51.

40 GARDOCKI, Lech. Double criminality in extradition law, cit., p. 290.

41 Id., loc. cit.

42 Sobre as escolas de pensamento da teoria geral do delito ver BITENCOURT, *Cezar Roberto. Tratado de direito penal*: parte geral. São Paulo: Saraiva, 2012.

43 Para a teoria jurídico penal da escola finalista, representada em especial pelo pensamento de Hans Welzel, o conceito de delito deve ser compreendido a partir de um sistema tripartite em que o delito é formado pela tipicidade da ação (ou sua adequação à norma, compreendendo o dolo e a culpa), antijuridicidade, como um juízo de desvalor do direito sobre a ação que lhe é contrária (é a relação que expressa um desacordo entre ação e ordem jurídica) e a culpabilidade entendida em sentido normativo. Isto é, crime é a ação típica, antijurídica e culpável. É a doutrina dominante, por exemplo, no direito brasileiro

44 Por todos, JESUS, Damásio E. de. *Direito penal*: parte geral. São Paulo: 2010. v. 1.

A dificuldade de se adotar uma noção de dupla incriminação que tenha que operar em nível *internacional*, e ao mesmo tempo levar em conta conceitos que são processados de forma muito diferente em cada ordenamento *nacional* (ação, tipo, reprovabilidade, antijuridicidade, etc.), torna o sentido da dupla incriminação *em abstrato* o modelo ideal na prática dos tratados, e o conceito tradicionalmente conhecido para fins de extradição.

O Modelo de Tratado de Extradição da Resolução 45/116, da mesma forma, dá preferência ao requisito da dupla incriminação *como ofensas puníveis de acordo com a lei de ambos os Estados partes*.

Além do Modelo de Tratado de Extradição da ONU, as Resoluções do Décimo Congresso Internacional de Direito Penal da *Association Internationale de Droit Pénal,* ocorrido em Roma, de 29 de setembro a 5 de outubro de 1969, recomendaram o uso da dupla incriminação *em abstrato.*[45]

A Convenção das Nações Unidas contra o crime organizado transnacional, Convenção de Palermo, adotada em Nova York em 15 de novembro de 2000, aborda a dupla incriminação no seu artigo 16.1, abarcando, igualmente, o seu conceito *em abstrato:*

> O presente Artigo aplica-se às infrações abrangidas pela presente Convenção ou nos casos em que um grupo criminoso organizado esteja implicado numa infração prevista nas alíneas a) ou b) do parágrafo 1 do Artigo 3 e em que a pessoa que é objeto do pedido de extradição se encontre no Estado Parte requerido, desde que a infração pela qual é pedida a extradição seja punível pelo direito interno do Estado Parte requerente e do Estado Parte requerido.[46]

---

45 As Resoluções do 10º Congresso Internacional de Direito Penal, de 1969 também recomendaram que o requerimento da dupla incriminação, em geral, será observado como condição para extraditar. Nada obstante, o Estado requerido poderá evitá-lo se as particulares circunstâncias do Estado requerente exigem a repressão do fato e se não for contrario à ordem pública do Estado requerido. No original: *"1. In general the requirement of "double criminality" will be sustained as a condition to the obligation to extradite. 2. Meanwhile the requested state may avoid the above condition if the particular circumstances of the requesting State demand the repression and the public order of the requested State is not opposed to it. 3. At the same time it is to understand that the acts susceptible to extradition must be punishable in concreto in the requesting state. 4. a) It could be satisfactory to announce that the incriminated facts underlying the request are punishable in abstracto according to the law of the requested state. It is possible to refuse extradition if there are evident causes of justification or that of non- imputability, unless in the case of extradition for enforcement of security or educational measures are concerned. b) It will be indifferent for extradition that the offence underlying the request is punishable only by denunciation under the law of the requested State. c) Amnesty granted by the requested State and prescription according to the law of the requested state will have no importance from the point of view of extradition, unless the offence gives rise to another title of jurisdiction of the requesting state"*. PENAL.ORG. Disponível em: <http://www.penal.org/IMG/RICPL%201969.pdf>. Acesso em: maio 2012. Ver também em *Resoluciones de los Congresos de la Asociaciónrnacional de Derecho Penal (1926-2009), Nouvelles Etudes Penales,* AIDP/IAPL n. 23/2012.

46 PRESIDÊNCIA DA REPÚBLICA. *Decreto nº 5.015, de 12 de março de 2004.* Disponível em: <http://www.planalto.gov.br/ccivil_03/_ato2004-2006/2004/decreto/d5015.htm>.

A mesma disciplina recebeu a Convenção das Nações Unidas contra a corrupção, Convenção de Mérida, adotada pela Assembléia-Geral das Nações Unidas em 31 de outubro de 2003 (artigo 44.1).[47] No âmbito do Conselho da Europa, a extradição deverá ser concedida relativamente a ofensas *puníveis de acordo com as leis do Estado parte requerente e do Estado parte requerido,* conforme artigo 2(1) da Convenção Européia de Extradição, concluída em Paris, em 13 de dezembro de 1957.[48]

Para os Estados membros da União Européia, os fatos passíveis de extradição são, via de regra, aqueles puníveis de acordo com as legislações dos Estados requerente e requerido.[49]

O que se observa nesses e em outros instrumentos internacionais sobre extradição é a preferência pela adoção da cláusula da dupla incriminação em seu sentido *em abstrato*.

A concepção *em concreto* da dupla incriminação ganha previsão sob outra forma, não como "dupla incriminação", mas como *cláusula de recusa da extradição ou de sua improcedência.*

Nesse sentido, podem ser várias as causas adotadas pelos Estados para a recusa da extradição, que dependem da voluntariedade dos Estados, podendo ser citadas, a prescrição e a anistia como extintivas da punibilidade, e a idade do extraditando como condição de inimputabilidade.

Assim, existem tratados que expressamente afastam a prescrição do fato perante a legislação do Estado requerido como causa de recusa[50],

---

47 Id. **Decreto nº 5.687, de 31 de janeiro de 2006.** Disponível em: <http://www.planalto.gov.br/ccivil_03/_ato2004-2006/2004/decreto/d5015.htm>.
Tal convenção inova ao permitir ao Estado requerido conceder a extradição de uma pessoa por quaisquer dos delitos compreendidos na presente Convenção que não sejam puníveis com relação à sua própria legislação interna.

48 Assim dispõe a Convenção Européia de Extradição:
"Article 2 – Extraditable offences 1.Extradition shall be granted in respect of offences punishable under the laws of the requesting Party and of the requested Party by deprivation of liberty or under a detention order for a maximum period of at least one year or by a more severe penalty. Where a conviction and prison sentence have occurred or a detention order has been made in the territory of the requesting Party, the punishment awarded must have been for a period of at least four months". COUNCIL OF EUROPE. Disponível em: <http://conventions.coe.int/Treaty/Commun/QueVoulezVous.asp?NT=024&CM=1&DF=27/06/2012&CL=ENG>. Acesso em: jun. 2012.

49 A Convenção relativa à extradição entre os Estados membros da União Européia é aplicada apenas aos casos onde o mandado de detenção europeu não é admitido. Segundo seu artigo 2º, são determinantes da extradição os fatos puníveis pela lei do Estado-membro requerente com pena ou medida de segurança privativa da liberdade de duração máxima não inferior a doze meses e, pela lei do Estado-membro requerido, com pena ou medida de segurança privativa da liberdade de duração máxima não inferior a seis meses. EUR-Lex. Disponível em: <http://eur-lex.europa.eu/LexUriServ/LexUriServ.do?uri=CELEX:41996A10202):PT:HTML>.

50 Como é o caso da convenção relativa à extradição entre os Estados membros da União Européia (artigo 8(1). A mesma convenção não admite a recusa da extradição de nacionais pelo Estado requerido

outros que mencionam condições de procedibilidade[51], assim como certas garantias processuais penais, como o *ne bis in idem*[52] , que afastam em tese o sentido de crime.

Em verdade, justamente em face da subjetividade de seu conteúdo, a depender da política criminal de cada Estado, não há um consenso na adoção do conteúdo destas cláusulas de recusa, ao contrário da exigência da dupla incriminação *em abstrato* que é uniformemente adotada em larga escala.

3.1 A dupla incriminação em concreto e a regra do non-inquiry

O sentido da dupla incriminação *em concreto*, como se viu, pode aparecer nos tratados de extradição na forma de cláusulas de recusa e improcedência do pedido estrangeiro.

A autoridade judiciária, no exame do pedido de extradição, analisará, se o fato objeto do pedido de extradição constitui-se, *em concreto*, crime perante suas próprias leis, abrangendo seu campo de cognição a todas as circunstâncias do delito, podendo analisar causas excludentes da ilicitude, culpabilidade, extintivas de punibilidade, pressupostos processuais da litispendência, coisa julgada e condições de procedibilidade.

A dupla incriminação *em concreto* não abrange, todavia, a análise de certas garantias fundamentais, como a do devido processo legal e do juízo imparcial, que afetam a idoneidade do processo penal mas não o conceito de crime ou a existência deste. A proteção a essas garantias está relacionada à adoção ou não da regra do *non inquiry,*

Pela regra do *non inquiry*, o Estado requerido abstém-se de perquirir as provas que levaram à convicção, pela autoridade judiciária do Estado requerente, de que o extraditando deveria ser preso, acusado ou condenado. O Estado requerido tampouco pode analisar o tratamento penal que será dispensado ao extraditando, uma vez efetuada a entrega, bem como, eventual

---

(artigo 7(1). As resoluções do 10º Congresso Internacional de Direito Penal, de 1969, também recomendaram que os Estados deverão levar em consideração evidentes causas de justificação e de não imputabilidade, não importando, para efeitos de extradição, a ocorrência da anistia ou prescrição dos fatos perante a legislação do Estado requerido.

51 Como é o caso da Convenção Interamericana sobre Extradição, cujo artigo 4(6) determina a improcedência da extradição com referência aos delitos que no Estado requerente não possam ser processados de ofício, a não ser que haja queixa, denúncia ou acusação de parte legítima. Em **CONVENÇÃO INTERAMERICANA SOBRE EXTRADIÇÃO OS ESTADOS MEMBROS DA ORGANIZAÇÃO DOS ESTADOS AMERICANOS.** Disponível em: <http://www.oas.org/juridico/portuguese/treaties/B-47.htm>. Acesso em: abr. 2012.

52 Conforme artigo 9º da Convenção Européia de Extradição.

nulidade no processo do Estado requerente. Significa a não possibilidade de *review* da decisão judicial do Estado requerente.[53]

A regra foi desenvolvida em deferência à soberania do Estado requerente. É como se nenhum Estado pudesse pôr em discussão o julgamento ou o sistema penal do outro Estado.

Considerando, entretanto, a internacionalização dos direitos humanos, algumas limitações à regra passaram a impedir o seu uso.

Nos Estados Unidos da América, onde a regra teve origem, pelo menos em duas circunstâncias ela tem deixado de ser aplicada pela Suprema Corte americana: 1) quando as provas apresentadas pelo Estado requerente é produto de séria violação ao devido processo legal (tal como a prova produzida com base em depoimento obtido sob tortura); 2) quando há prova de que o indivíduo poderá ser submetido a tratamento cruel, desumano ou degradante perante o Estado requerente, caso procedida a extradição.[54]

Denise Neves Abade explica que a regra do *non-inquiry* tem sofrido mitigação. O *non-inquiry* mitigado ou moderado, como se refere, consiste no reconhecimento da incidência dos direitos fundamentais no pleito cooperacional, desde que previstos em tratado cooperacional ou lei geral de cooperação, ao que denomina de modelo de incidência indireta dos direitos fundamentais.[55]

Na análise dos tratados de extradição assinados pelo Brasil, Denise traz uma acurada síntese das cláusulas de denegação da extradição por violação de direitos fundamentais, citando como motivos: crimes militares e políticos, tribunal ou juízo de exceção; aplicação de penas odiosas; uso de tortura ou tratamento desumano; uso da extradição para discriminação e perseguição odiosa; revelia do réu no processo penal do Estado Requerente e alegação genérica de defesa do devido processo legal penal e direitos fundamentais do extraditando no Estado Requerente.

---

53 BASSIOUNI, M. Cherif (Ed.). *International criminal law*: procedure, cit., v. 2, p. 422.

54 No original, *"where the evidence presented by a requested state is the product of a serious violation of due process (such as torture), the court (Supreme Court refere-se o autor) coud give no weight or even refuse to admit that evidence; 2) where there is evidence that the individual may be subjected to cruel, inhuman or degrading treatment in the requesting state, the court could refuse to order the relator's extradition"* BASSIOUNI, M. Cherif. *International extradition*: United States law and practice, cit., p. 610. Sobre a regra, ver mais em MURCHISON, Matthew. Extradition's paradox: duty, discretion, and rights in the world of non-inquiry. *Stanford Journal of International Law,* v. 43, p. 295 e ss., 2007.

55 ABADE, Denise Neves. op. cit., p. 96. Para a autora, também fazem parte do modelo de incidência indireta dos direitos fundamentais o *no inquiry* integral e a cláusula de ordem pública prevista nos tratados e na lei de cooperação.

Portanto, embora o sentido da dupla incriminação *em concreto* possa estar relacionado a certas cláusulas de denegação da extradição, como ocorre com a prescrição, anistia, perdão, graça, *bis in idem*, seu conceito não abarca integralmente todas as formas de proteção aos direitos fundamentais que porventura possam existir nos tratados ou na lei de cooperação geral, como por exemplo, a denegação da extradição pela suspeita de julgamento por um tribunal de exceção ou por infringência ao devido processo legal. Por essa razão não se pode dizer que a dupla incriminação *em concreto* faz às vezes da incidência indireta dos direitos fundamentais, apesar de servir para uma defesa mais ampla por parte do extraditando.

3.2 *A dupla incriminação e as ofensas extraditáveis. Um paralelo*

Para evitar que o requerimento estrangeiro seja negado porque o fato não constitui crime perante o Estado requerido e que crimes insignificantes sejam objeto de extradição, os signatários dos tratados de extradição prevêem as chamadas infrações extraditáveis.

Tradicionalmente, existem três formas para se descrever as infrações extraditáveis nos tratados de extradição.

A primeira delas diz respeito à enumeração dos crimes, em forma de lista, que pode assumir o corpo do texto ou o seu anexo. Por muitos anos, essa foi a única forma utilizada pelos Estados quando referiam-se às ofensas extraditáveis nos tratados de extradição[56]. Dizia Billot que a diferença das leis penais dos países contratantes impediam os Estados de utilizar cláusulas genéricas, obrigando-lhes a desenhar quais infrações poderiam servir de base ao tratado, razão pela qual todos os tratados, à época, continham um artigo exclusivamente destinado a enumeração dos crimes extraditáveis.[57]

É possível, também, estabelecer-se uma categoria de crimes "elimináveis", via de regra, aqueles com menor potencial ofensivo. Por esta fórmula,

---

56 A guisa de exemplo, podem ser citados: o *Jay Treaty*, assinado pela Rainha da Grã-Bretanha e os Estados Unidos da America, concluído em 19 de novembro de 1794. TREATY of Amity, Commerce and Navigation. *Jay's Treaty-1794*. Disponível em: <http://www.earlyamerica.com/earlyamerica/milestones/jaytreaty/text.html>; o *Webster-Ashburton Treaty*, de 1842, assinado, igualmente, entre os Estados Unidos da América e o Reino da Grã-Bretanha e da Irlanda do Norte, BRITISH-AMERICAN Diplomacy. The Webster-Ashburton Treaty. Disponível em: <http://avalon.law.yale.edu/19th_century/br-1842.asp>; o *Extradition Act*, de 1870 e 1872, publicados pela Rainha britânica, disponível em: <http://www.legislation.gov.uk/ukpga/Vict/36-37/60/contents>. No Brasil, Anor Butler Maciel relembra os tratados de extradição assinados pelo Império brasileiro, na época republicana, até a vigência da Lei n. 2416, de 28 de junho de 1911. (MACIEL, Anor Bultler. *Extradicão internacional*. Rio de Janeiro: Departamento de Imprensa Nacional, 1957).

57 BILLOT, A. *Traité de l'extradition suivi d'un recueil de documents etrangers et dês conventions d'extradition*. Paris: E. Plon, 1874. p. 119.

determina-se uma pena mínima que deve estar prevista na norma que tipifica o crime objeto do pedido de extradição ou na sentença pela qual o extraditando restou condenado.

A outra, é através da adoção da cláusula genérica da dupla incriminação.

Tais fórmulas podem ser incorporadas, concomitantemente, no texto dos tratados, pois não são excludentes umas das outras. Assim, por exemplo, a cláusula da dupla incriminação é muito utilizada de forma agregada à pena mínima pelos países da América Latina.

Ambos os métodos, da enumeração dos crimes extraditáveis ou eliminação dos crimes de menor lesividade, estão sujeitos a críticas.

O método de listagem de crimes favorece o conhecimento, pela outra parte, de todos os crimes que estão abrangidos pelo tratado de extradição, evitando surpresas de indeferimento pelo fato não constituir crime em um dos Estados contratantes.[58] Por outro lado, a lista de crimes extraditáveis não acompanha com a mesma velocidade o número crescente de tipos penais e a impossibilidade de se prever o aparecimento de novos crimes.[59] A adoção da condição genérica da dupla incriminação evita, assim, protocolos adicionais aos tratados para inclusão de novos crimes e permite maior flexibilização aos Estados.

Quanto ao método de eliminação de crimes por sua baixa lesividade, pode-se dizer que a seleção possui uma visão limitada da pena, no tocante, apenas, ao seu aspecto retributivo, esquecendo-se por completo das teorias de ressocialização[60], preventivas, ou da função reparatória à sociedade das penas substitutivas à privativa de liberdade. Ademais, a limitação a um mínimo ou máximo de pena privativa de liberdade deixa de lado contraven-

---

58 Segundo Dominque Poncet, ainda hoje é muito utilizada pelos países da *common law,* enquanto a maior parte dos países europeus utilizam o método eliminatório. PONCET, Dominique; GULLY-HART, Paul. op. cit., v. 2, p. 478. Com relação aos tratados de extradição adotados pelo Brasil, apenas os tratados assinados com os Governos da Suíça, Bélgica e Estados Unidos trazem uma lista de crimes extraditáveis, e, ainda assim, prevêem o método eliminatório, e mais a dupla incriminação, dos quais falaremos mais adiante.

59 Segundo Dominique Poncet e Paul Gully-Hart as desvantagens do método enumerativo seriam: "*First, treaties which resort to the enumerative system are often old and do not take into account new forms of criminality, such as drug trafficking, aircraft hijacking, or terrorism. Second, negotiators of treaties have sometimes omitted, in the list of extradition offenses, those that represent a certain seriousness. When it is not possible to complement the convention by means of a declaration of reciprocity (namely for Common Law countries), then the prosecuted person will not be extradited. Third, a restrictive interpretation of the treaty by the courts of the requested state can lead to the same result, namely when it is required that the offense provided for by the convention bears the identical appellation in the legislation of the requested state*" PONCET, Dominique; GULLY-HART, Paul. op. cit., v. 2, p. 478.

60 Conforme critica Bassiouni, que traz o exemplo, principalmente, de casos envolvendo o consumo de drogas, problemas com alcoolismo e os atos infracionais ou delinqüência juvenil, como se refere o autor, exemplos que podem ser tratados diferentemente pelos Estados, seja como doença, nos dois primeiros casos, seja como crime, dependendo, ademais, da política pública adotada pelos governantes de proteção a esses segmentos sociais.

ções penais de especial relevo, como o jogo do bicho e o porte ilegal de armas, que até pouco tempo atrás era contravenção no ordenamento jurídico brasileiro.

Conforme questiona Bassiouni ao Estado requerente não deveria interessar se o crime é mais sério ou menos sério no Estado requerido, de maior ou menor lesividade[61], apenas se é o fato é ou não punível.

Ademais, Poncet e Paul Gull-Hart apontam que a adoção de um método não enumerativo dificulta o exame de quais crimes estão dentro do escopo do tratado de extradição.[62]

De fato, pode ocorrer que a extradição seja solicitada por vários crimes e nem todos preenchem as condições mínimas de pena exigidas, o que leva à incerteza se a extradição deve ser rejeitada, concedida no todo ou em parte. Para evitar a dúvida, alguns tratados trazem cláusula expressa esclarecedora sobre o assunto.[63]

Por essas razões, via de regra, qualquer que seja o método utilizado para determinar os crimes extraditáveis, enumerativo ou eliminatório, os Estados fazem questão de acrescentar a dupla incriminação fazendo constar dos tratados que a extradição será deferida, por exemplo, *"desde que constituam crime para ambos os estados"*.[64]

---

[61] BASSIOUNI, M. Cherif. *International extradition*: United States law and practice, cit., p. 508. Para Bassiouni nem mesmo a razão pelo custo de um processo de extradição justifica a adoção do método, uma vez que atende aos interesses, apenas, do Estado requerido.

[62] PONCET, Dominique; GULLY-HART, Paul. op. cit., p. 478. Para Bassiouni, da mesma forma, *"Another significant problem raised by this method is the element of knowledge of the law attributed by legal presumption to an offender, whether that person is a national or an alien. Ignorance of the is no defense, but the presumption of knowledge of the law in an age of fast and easy travel among states with a wide divergence of penal laws strains the presumption to its utmost. It must be noted, however, while ignorance of the law is no defense, one of the premises on which this presumption is based is the existence of notice of the proscribed conduct affording all persons the opportunity to refrain from engaging in it. Dual criminality provides an implicit element of notice by analogy in that the individual is held to the same proscribed conduct known to the individual in his or her own legal system. However, allowing extradition whenever the charge contains a penalty equal to that of the other state, regardless of the corresponding nature of the offense in both laws, subjects individuals to criminal jeopardy without adequate notice"*. BASSIOUNI, M. Cherif. *International extradition*: United States law and practice, cit., p. 507.

[63] A guisa de exemplo, os tratados assinados pelo Brasil com os Governos da Espanha (Decreto 99340, de 22 de junho de 1990) e Itália (Decreto 863 de 9 de julho de 1993. No caso do tratado assinado com Itália consta do artigo 2 (3) *"Quando o pedido de extradição referir-se a mais de um crime, e algum ou alguns deles não atenderem às condições previstas no primeiro parágrafo, a extradição, se concedida por uma crime que preencha tais condições, poderá ser estendida também para os demais. Ademais, quando a extradição for solicitada para a execução de penas privativas de liberdade pessoal aplicadas por crimes diversos, será concedida se o total das penas ainda por cumprir for superior a 9 meses."*

[64] Conforme assinalam Poncet e Paul Gull-Hart no tocante ao modelo europeu. PONCET, Dominique; GULLY-HART, Paul. op. cit., p. 479.

4. FUNDAMENTOS DA DUPLA INCRIMINAÇÃO

De maneira geral, os fundamentos da dupla incriminação são pouco citados pela doutrina, apesar da dupla incriminação ser sempre lembrada como uma das condições para a concessão da extradição.

Para Shearer[65] e Peter Olé[66], a maior parte dos doutrinadores costuma discorrer sobre a dupla incriminação sem maiores detalhes acerca das razões que levam os Estados a inserirem tal condição nos tratados e na lei interna sobre extradição. Não por acaso, salvo raríssimas exceções[67], não há contestação sobre a cláusula.

Encontramos, especialmente, na doutrina penal, o fundamento mais lembrado para a utilização da dupla incriminação como condição para a extradição: a legalidade penal, traduzida na máxima *nulla traditio sine lege.*

Além da legalidade penal, a doutrina especializada costuma citar a reciprocidade e a solidariedade entre os Estados como fundamentos da dupla incriminação.

4.1 A dupla incriminação e o Estado soberano

Ensina Shearer que a dupla incriminação serve à importante função de assegurar que a pessoa não tenha a liberdade restringida por um fato que não é reconhecido como crime pelo Estado requerido. Em outras palavras, a dupla incriminação baseia-se no princípio da reciprocidade entre os Estados, significando dizer que o Estado requerido não pode ser constrangido a extraditar alguém que, pelo mesmo fato, jamais teria a ocasião de demandar um pedido de extradição.[68]

Observamos que o argumento é de soberania.

---

65 SHEARER, I. A. op. cit., p. 137.

66 TRASKMAN, Per Olé. op. cit., p. 145.

67 Donnedieu de Vabres cita Bernard, Billot e Travers. DONNEDIEU DE VABRES, Henri. *Les principles modernes du droit pénal international*, cit., p. 999. Há, também, MARKEES, Cur. Les problèmes actuels de l'extradition. *Revue Internationale de Droit Penal*, p.744-757, 1968.

68 SHEARER, I. A. op. cit., p. 137-138. No mesmo sentido Poncet, para quem a exigência da dupla incriminação é historicamente baseada no conceito de que o Estado requerido não pode prender uma pessoa que não poderia processar nem sentenciar se tivesse jurisdição sob o fato, por considerá-lo inocente. PONCET, Dominique; GULLY-HART, Paul. op. cit., p. 479. Para Susan Nash também o principio da reciprocidade tem sido interpretado em muitos países com conjunto com a dupla incriminação, assegurando que o Estado requerido não está obrigado a extraditar o fugitivo por uma conduta que não considera crime. BANTEKAS, Ilias; NASH, Susan. *International criminal law.* 2. ed. London: Cavendish, 2003. p. 181. E Bassiouni, para quem, a dupla incriminação reflete a premissa de reciprocidade nos quais essa condição se baseia. BASSIOUNI, M. Cherif. *International extradition*: United States law and practice, cit., p. 491.

De fato, enquanto reconhecida como um ato de soberania[69], a extradição faz com que a dupla incriminação, como sua condição, desenvolva-se no mesmo corolário.[70]

Ademais, ambas figuram no campo da cooperação entre os Estados para a defesa em comum contra o crime, onde se pressupõe um acordo de interesses recíprocos. A partir daí, podemos pensar que a dupla incriminação cumpre a função de ser uma manifestação do princípio da igualdade entre os Estados.

Nesse sentido, Pradel afirma que a extradição pressupõe um acordo entre Estados sobre os valores a proteger, onde não se pode conceber que o Estado requerido participe da repressão de um indivíduo por um fato que ele próprio não reprova como crime.[71]

Sonja Gafner, na mesma linha, explica que não saberemos falar de dupla incriminação sem evocar a reciprocidade. Discorrendo sobre o princípio da reciprocidade, diz o autor que a doutrina há um longo tempo considera esse princípio como fundamento da extradição e como uma conseqüência da soberania nacional.[72]

Ensina Casella que o emprego do termo "soberania" tal como hoje o conhecemos é decorrência das obras de Maquiavel e Jean Bodin[73], cuja literatura justifica a idéia de um poder ilimitado ao monarca. Em Maquiavel, o poder do monarca é justificado, em geral, pela inaptidão dos governados com relação às questões de governo. Para Bodin, a busca pela integração entre governantes e governados gerará os elementos essenciais da idéia de soberania. Assim, Bodin conceitua "república" como um governo justo

[69] BILLOT, A. op. cit., p. 120. Para Saint-Albin "lextradition, fondée sur le droit de punir, qu'on ne peut contester à l'Etat de refuge, revêt un double caractère : elle constitue tout d'abord, non seulement un acte d'assistance, mais un acte véritable de juridiction. Le droit d' extradition appartient à tout Etat considéré comme souverain et comme dispensateur de justice. SAINT-AUBIN, J. *L'extradition et le droit extraditionnel.* Paris: A. Pedone, 1913. p. 43.

[70] Para Shearer, a condição da dupla incriminação tem assento no princípio da reciprocidade, que faz parte da estrutura da extradicção, SHEARER, I. A. op. cit., p. 137.

[71] *Cette condition doit être approuvée car « l'exigence d'une qualification pénale par la loi de l'Etat requérant paraît s'imposer au nom du bon sens » et car on ne concevait pas que l'Etat requis participe à la répression d'un individu pour un fait qu'il ne reprouve pas lui-même. L'extradition suppose entre les deux Etats un accord sur les valeurs à protéger.* PRADEL, Jean. *Droit pénal de la coopération inter-étatique européenne.* Paris: Dalloz, 1999. p. 116.

[72] *A l'origine, ce principe avait pour but de préserver la souveraineté des Etats et d'empêcher que les délits de peu d'importance ou les actes non punissables dans l'Etat requis soient extradables. C'est la raison pour laquelle cette notion de réciprocité s'appliquait de manière rigoureuse. Il en allait de même pour la condition de double incrimination étant donné que l'on considérait qu'elle découlait de ce principe.* D'AUMERIES, Sonja Gafner. op. cit., p. 24.

[73] CASELLA, Paulo Borba. *Direito internacional no tempo medieval e moderno até Vitória.* São Paulo: Atlas, 2012. p. 527.

de muitas famílias, com poder soberano, ao passo que soberania é o poder absoluto e perpétuo da república.

Quando observamos que o apogeu da soberania ocorreu nos séculos XIX e XX[74], justamente o século da codificação da lei penal, com a prevalência dos dogmas da legalidade estrita e territorialidade[75], percebemos que a dupla incriminação desenvolveu-se em uma época onde não apenas se estava lutando pela consagração de garantias ao indivíduo contra o Estado absolutista, como, também, num tempo em que se vivenciava a forte sensação de pertencimento a um território, de pertencimento a uma nação soberana.[76]

Encontramos na doutrina de Quintano Ripollés a descrição do momento político vivido na França e em outros países, quando se consagrou a territorialidade da lei penal, campo em que se desenvolveu a dupla incriminação como condição para a extradição. Explica o autor que a Revolução Francesa, com seu renovado absolutismo nacionalista, foi um importante fator de reconhecimento da dogmática processual territorialista.[77]

---

74 Em citação, mais uma vez, ao professor Casella, op. cit., p. 527.

75 O Séc. XVIII foi o século que rompeu com a noção de que o Estado deveria proteger todos os seus súditos, ainda que em terra estrangeira (Jean Bodin, 1530-1596) ou puni-los onde quer que se encontrassem, alcançando a lei do Estado os atos cometidos pelos seus nacionais no estrangeiro (Hugo Grotius 1583-1645) Cf. Nota 27, aqui reproduzida: Jean Bodin, (1530-1596) que defendia a proteção de todos os súditos que estão sob a obediência de um príncipe, para quem "*quando o súdito de um Príncipe se retira para a terra de outro, ele está também sob sua proteção, de modo que, se for perseguido pelo inimigo e feito prisioneiro em terra de outro Príncipe soberano, ele não é prisioneiro de seu perseguidor.*" BODIN, Jean. op. cit., p. 177. E Hugo Grotius (1583-1645), que defendia a obrigação do estado de punir seus súditos alcançando a lei do estado os atos cometidos pelos seus nacionais, onde quer que se encontrassem, decorrendo daí, inclusive, o dever de extraditar sob a máxima "aut dedere aut punire", GROTIUS, Hugo. op. cit., v. 2. p. 890.

76 O princípio da nacionalidade se formou como elemento cultural, no curso da Revolução Francesa, através do emprego da palavra "peuple". MANCINI, Pasquale Stanislao. *Direito internacional.* Ijuí: Ed. Unijuí, 2003. p. 14.

77 "La Revolución Francesa, con su renovado absolutismo nacionalista, fué otro importante factor de afianzamiento de la dogmática procesal territorialista, como lo fue paralelamente en la doctrina la sistemática *científica del positivismo en todos sus diversos matices, coincidentes en situar el Derecho Internacional en un plano de mera proyección del interno. Es entonces cuando nace el célebre art. 3º del Code Napoleon, reproducido en el 8º del civil nuestro y en los de casi todo el mundo: Les lois de police et de sureté obligent tous ceux qui habitent le territoire. Sentencia sinónima, en oración pasiva, del aforismo leges non obligant extra territorium, que es su corolario negativo. (pp 34-35 Tomo II). La adopción del principio territorial, tanto por la Constitución norteamericana como por los códigos franceses, respondía a una celosa concepción de la soberanía, heredera de las ideologías de las monarquías absolutas, remozada por la filosofía política del Setecientos. Veíase en el Estado y su orden una sociedad pactada por sus ciudadanos, fuero de cuyos límites no era concebible siquiera una relación de obligación o de derecho. Puede valer como extremo ejemplo de la validez de este principio aquel Decreto de la asamblea francesa de 3 de septiembre de 1792, que ordenaba nada menos que liberar a todos los presos acusados de delitos perpetrados más allá de las fronteras de la República. Disposición que marca el punto álgido de la dogmática territorialista, rara vez mantenido en su integridad antes ni menos después. En la propia Francia republicana, hubo de ceder el paso en repetidas ocasiones a los principios opuestos de personalidad y aun de universalidad (..). En la propia Alemania, tan tradicionalmente vinculada al personalismo, el principio territorial logró*

Observamos, assim, que a noção de dupla incriminação está, também, fortemente vinculada à idéia de soberania e territorialidade.

Narra Hudson Manley[78] que em 1880 o Instituto de Direito Internacional, reunido em Oxford, estudou detidamente a dupla incriminação, concluindo que se tratava de uma condição que decorria das relações recíprocas entre os Estados, pois *"in principle, extradition is conceivable only (ne se conçoit que) for acts punishable by the legislation of the two countries"*, afinal *"How can a state lend its assistance for the repression of an act which it considers legal, perhaps even as the exercise of a natu ral right?"*.

As resoluções adotadas naquele ano incluíram ademais: *"As a rule, it should be required that the acts to which extradition applies be punishable by the law of both countries, except in cases where by reason of particular institutions or of the geographical situation of the country of refuge the actual circumstances constituting the offense cannot exist."*

Conclui o autor que, desde então, esse ponto de vista tem sido seguido pela maioria dos doutrinadores que escrevem sobre o assunto, e pelas cortes de muitos países, servindo de base para muitas legislações nacionais.[79]

Observamos que o argumento de soberania é tão imperativo que alguns autores explicam que somente por questões geográficas ou particulares do Estado a dupla incriminação não deve incidir, isto é, somente quando o Estado não possa cumprir com a reciprocidade de tratamento para o caso.

---

imponerse, en la teoría con ABEGG y en lo legislativo en el Codigo prusiano de 1851 (par. 4) (p. 35 tomo II) En doble influjo anglo-sajón y francés, patrocinando, el sistema jurisdiccional de territorialidad de la ley penal, hizo triunfar el mismo en la casi totalidad de los ordenamientos procesales del mundo moderno, en algunos de los cueles, como el del Codigo penal belga (art. 3º) y del ruso-soviético (art. 4º) figura nominalmente como el único". RIPOLLÉS, Quintano. op. cit., t. 2, p. 35.

78 HUDSON, Manley O. The factor case and double criminality in extradition. *The American Journal of International Law*, v. 28, n. 2, Apr., p. 274-306, 1934. Disponível em: <www.jstor.org>. Acesso em: 14 mar. 2012. O caso Factor vs Laubenheimer foi julgado pela Corte Suprema dos Estados Unidos nos anos 30 do século passado. A extradição foi requerida pela Grã-Bretanha, sob a acusação de cometimento do crime de recebimento de quantia em dinheiro obtida fraudulentamente, previsto no Tratado de 1842 assinado entre Estados Unidos e Grã-Bretanha A defesa alegava não cumprimento à condição da dupla incriminação em razão do fato não ser crime no Estado de Illinois, onde o extraditando se encontrava e onde corria o caso. A Corte entendeu que bastava o crime estar previsto no Tratado, o qual não previa, ademais, a cláusula genérica da dupla incriminação, que não poderia ser a deduzida na ausência de previsão expressa.

79 HUDSON, Manley O. op. cit., p. 284. Por ter base na reciprocidade, alguns autores referem-se à dupla incriminação como regra de direito internacional costumeiro. BASSIOUNI, M. Cherif. *International extradition*: United States law and practice, cit., p. 496.

Schultz[80] e D'aumeries[81] exemplificam quando as condições geográficas excepcionam a dupla incriminação, trazendo a hipótese de a Suíça ser demandada por delitos de pirataria em alto mar. Schultz justifica essa exceção dizendo *"As long as the criminal laws of several states differ on what behavior is to be punished, the principle of double criminality must be upheld quit apart from its effect as a protection of the fugitive criminal."*

Todavia, verificamos que a dupla incriminação, enquanto argumento de soberania, não está livre de críticas.

Poncet critica a utilização da dupla incriminação como condição para a extradição. Para ele, a dupla incriminação, enquanto argumento de soberania, significa um retrocesso na cooperação internacional. A principal crítica é que o juiz do Estado requerido vê a si mesmo como um juiz universal que pode impor seus próprios valores ao Estado requerente.[82]

Swart é outro que se posiciona contrariamente ao argumento da soberania, afirma que a justificação para a utilização da dupla incriminação, por razões de soberania, é política apenas[83], não condizente com a expressão de solidariedade internacional.[84]

4.2 A dupla incriminação e a legalidade penal

Os mesmo autores que apontam a reciprocidade como fundamento da dupla incriminação revelam que a legalidade penal tem sido, com maior freqüência, utilizada como justificativa para o seu uso.[85]

---

[80] SCHULTZ, Hans. The general framework of extradition and asylum. In: BASSIOUNI, M. Cherif (Ed.). *A treatise on international criminal law*: jurisdiction and cooperation. Illinois: Charles C Thomas, 1973. v. 2, p. 313.

[81] D'AUMERIES, Sonja Gafner. op. cit., p. 68.

[82] PONCET, Dominique; GULLY-HART, Paul. op. cit., p. 479-480.

[83] É de se observar que nas resoluções do Instituto de Direito Internacional, ocorrido em 1880, ficou dito "*La condition de reciprocité, en cette matière, peut-être commandé par la politique; elle n'est pás exigée par la justice*"., *in* BASSIOUNI, M. Cherif. *International extradition*: United States law and practice, cit., p. 494.

[84] *"by requiring Double criminality, states ensure reciprocity in their mutual relations. Assistance is not rendered where it could not have been obtained, and for the very reason that it could not have been obtained. This justification is a "politician" one. The blind maintenance of reciprocity is no really consistent with international solidarity. Lack of reciprocity should be a ground for refusal of assistance in excepctional cases only, as a means of correcting serious forms of disequilibrium".* SWART, Bert A.H.J. Human rights and the abolition of tradicional principles. In: ESER, Albin; LAGODNY, Otto (Eds.). *Principles and procedures for a new transnational criminal law*: documentation of an international Workshop in Freiburg, May 1991. Freiburg im Breisgau: Max-Planck-Inst. für Ausländisches und Internationales Strafrecht, 1992. p. 521.

[85] Para citar, Susan Nash (p.118), Shearer (op. cit., p. 137), BASSIOUNI, M. Two models of extradition in law and practice. In: BASSIOUNI, M. Cherif (Ed.). *A treatise on international criminal law*: jurisdiction and cooperation. Illinois: Charles C Thomas, 1973. v. 2, p. 360; Quintano Ripollés (op. cit., t. 2, p. 209) e Shultz (p. 313), em suas obras citadas.

O princípio da legalidade é, provavelmente, o mais importante princípio da dogmática penal.

Conforme já expusemos anteriormente, as origens da legalidade penal remontam à Ilustração e à oposição ao Direito natural como fonte do Direito positivo. Narra Hassemer que a existência de um Direito natural eximia o legislador penal de ter que justificar suas normas.[86]

Para Hassemer, o principio da legalidade, em sua atual configuração, mantém exigências tanto ao legislador penal, para que formule as descrições legais penais do modo mais preciso possível e que tampouco tenham efeitos retroativos, como ao juiz, vinculando-o à lei.[87]

Para Feuerbach (1755-1833), que idealizou a construção científica do direito penal positivo, a lei penal deve ser válida em si mesma, não podendo depender de juízos especiais de adequação aos fatos, e deve ser aplicada a todos os casos em que prevê.[88]

---

86 HASSEMER, Winfried. *Fundamentos del derecho penal*. Trad. Francisco Munoz Conde e Luiz Arroyo Zapatero. Barcelona: Bosch, 1984. p. 311-312: *"En la época del Derecho natural, el legislador penal tenía realmente que preocuparse poco por la justicia de sus leyes: para justificar el derecho positivo bastaba que éste coincidiera con el Derecho natural, con el buen derecho antiguo. Para la teoría del Derecho natural, el legislador no tenía que fundamentar su derecho, sino deducirlo. La posición del legislador como administrador del Derecho natural es fuerte siempre que, sin embargo, pueda imponer y hacer aceptar políticamente esa cualidad como tal administrador."* Sobre o nascimento da legalidade, penal expõe Quintano Ripollés: *"El doble dogma de la incriminación y punición data en lo positivo de los Códigos revolucionarios franceses y en lo doctrinal de la formulación propuesta por FEUERBACH* (referindo-se à obra "Lehrbuch des gemeinen in Deutschland gültigen peinlichen Rechts", de 1801*) en los albores del pasado siglo, y aunque puedan ser citados antecedentes más remotos , es lo cierto que su situación histórica coincide con el asentamiento de la ideología jurídica liberal propia de la Ilustración y del racionalismo francés."* RIPOLLÉS, Quintano. op. cit., t. 1, p. 96.

87 *"Del legislador exige que formule las descripciones del delito del modo más preciso posible (nullum crimen sine lege certa) y que las leyes no tengan efecto retroactivo (nullum crimen sine lege praevia). Del juez exige que sus condenas se basen en la ley escrita y no en el derecho consuetudinario (nullum crimen sine lege scripta) y que no amplíe la ley escrita en perjuicio del afectado (nullum crimen sine lege stricta: la llamada "prohibición de la analogía")"*. HASSEMER, Winfried. op. cit., p. 313.

88 *"De su naturaleza general de ley se sigue necesariamente para la ley penal que: I) La ley penal es válida por sí misma, no pudiendo depender su aplicación de un juicio especial sobre su adecuación al fin o al derecho; II) La ley penal rige para todos en los casos que abarca. Ningún caso que lleve consigo las características del presupuesto legal queda exceptuado de la aplicación de las consecuencias jurídicas de la ley, pudiendo excluírselo de la misma sólo por una especial causa legal. siendo la ley válida para todos en iguales casos (§ 74) y siendo la sentencia judicial sólo el medio de aplicación de la ley, para que ésta sea justa deberá estar determinada por razones legales. Así, una sentencia sólo podrá absolver cuando la ley misma absuelva, y sólo podrá condenar cuando la ley condene; lo que también será necesario para la clase de pena, siendo la misma ley penal vigente la exclusiva causa de decisión"*. FEUERBACH, Paul Johann Anselm Ritter von. *Tratado de derecho penal común vigente en Alemania:* parte general. Tradução Eugenio Raúl Zafaroni e Irma Hagemeier. Buenos Aires: Hamurabi S.R.L., 1989. p. 93-94.

Através da legalidade penal, objetiva-se proteger o indivíduo contra a arbitrariedade do poder punitivo. Isso porque, citando Jescheck,

> "La intervención *penal* tiene un efecto más profundo que cualquier otra "intervención en la libertad y la propiedad", porque, a través de la desaprobación eticosocial que lleva implícita, ostenta además un carácter especialmente gravoso. Por eso mismo, la ley penal, tanto en su creación como en su interpretación, no sólo debe satisfacer los principios jurídicos formales, sino también corresponder en su contenido a las exigencias de Justicia que se contienen en el principio material del Estado de Derecho."

Não há, hoje, certamente, constituição de Estado de Direito que não preveja o princípio da legalidade. Como não há doutrina penal que não discorra, na parte geral do direito penal, sobre a legalidade. Por isso, as fontes são vastas e, certamente, não se pretende exauri-las neste livro.

Quanto ao binômio dupla incriminação-legalidade, a doutrina em geral pouco discorre.

Em verdade, o princípio da legalidade costuma ser citado por tratadistas de direito penal como um dos princípios da extradição, além da própria dupla incriminação.[89]

De acordo com o princípio da legalidade em matéria de extradição, a extradição somente pode ser concedida aos crimes previstos em lei específica e nos tratados. E, numa vertente negativa, não pode ser concedida para os crimes expressamente excluídos pela lei ou tratados sobre extradição.

Como a dupla incriminação é uma variante dos crimes extraditáveis, previstos em lei ou tratados, em forma de enumeração ou eliminação, podemos concluir que, por decorrência, esta passou a ser interpretada em conjunto com a legalidade.

Não por outra razão, a máxima *nullum crimen sine lege* é lembrada, pela doutrina especializada, como um dos fundamentos da dupla incriminação, a qual, assim, deitaria raízes, também, na proteção ao indivíduo.[90]

---

89 Podendo ser citados VON LISZT, Franz. op. cit., v. 2, p. 227. BERDUGO, Ignácio et al. op. cit., p. 92; ONECA, Anton. op. cit., p. 145; BUSTOS RAMIREZ, Juan J. op. cit., v. 1, p. 118. CARBONELL MATEU, Juan Carlos. op. cit., p. 180; CEREZO MIR, Jose. op. cit., p. 284; LUZON PENA, Diego-Manuel. op. cit., p. 216; MUNOZ CONDE, Francisco. op. cit., p. 162.

90 Sustenta Quintano Ripollés: "*Tanto el principio de la especialidad como el de la identidad normativa, como toda dogmática de legalismo penal, responden primordialmente a un interese individualista y liberal, de protección jurídica al individuo sujeto pasivo de la extradición. (...) Ahora bien, considerado el reo extraditado como una persona humana, capaz por ende de derechos y obligaciones, presuponiendo, a su vez, garantías jurídicas estrictas, los aludidos principios proveen a esa finalidad y desempeñan en la extradición un papel en todo semejante al de los dogmas de la legalidad de delitos y penas en los derechos penales internos. El extraditurus es portador de derechos o con espectativa de ellos, según su situación procesal, es sujeto de derecho con capacidad*

Para Schultz[91] e Michael Plachta[92], da mesma forma, a dupla incriminação só tem sentido se for utilizada para a proteção dos direitos fundamentais do indivíduo extraditando.

Lech Gardocki faz relembrar, igualmente, que a principal razão para o principio ser introduzido e mantido no direito extradicional foi a necessidade de assegurar a reciprocidade na prática extradicional e somente mais tarde foi o principio reconhecido como necessário para a proteção de direitos individuais.[93]

João Marcello de Araújo Júnior afirma que a dupla incriminação é "*garantia essencial ao direito de liberdade, uma vez que impede a violação da regra nulla poena sine lege.*"[94]

No mesmo sentido, Bassiouni afirma que uma das razões da dupla incriminação pode ser encontrada na máxima *nulla poena sine lege.*[95]

Outrossim, ressalta Bassiouni um aspecto interessante com relação à legalidade e à aplicação da dupla incriminação nos tratados e lei nacionais sobre extradição. Diz respeito à finalidade da aplicação da regra da legalidade penal.

Expõe o autor que a exigência da dupla incriminação não é clara com relação ao nacional que, conhecendo da lei de seu país, comete intencionalmente um crime e foge para território estrangeiro. A proteção do dogma da legalidade penal, por outro lado, faria sentido para o caso do estrangeiro que por um curto período de tempo em terra estrangeira cometesse um delito e retornasse para o seu país ou procurasse abrigo em um terceiro Estado. O desconhecimento da lei é inescusável, mas, neste caso, ele poderia alegar a ignorância da lei.[96]

De fato, se formos pensar que a legalidade penal, pelas suas fórmulas conhecidas *nullum crimen sine lege certa* e *nullum crimen sine lege praevia,* procura proteger o indivíduo das incertezas da lei e do caráter inusitado de sua aplicação, a dupla incriminação não tem sentido para o nacional que comete o delito e foge, o qual, em tese, conhece a lei penal do seu país, sendo-lhe lei certa e prévia.

---

de ejercicio de los mismo en la vía de recursos ordinaria y extraordinaria; condición normal en el derecho interno, pero que choca naturalmente con las tradicionales normas del internacional, que no admitió nunca otra cualidad de sujetos fuera de los propios Estados, denegándosela en todo caso a las persona físicas". RIPOLLÉS, Quintano. op. cit., t. 2, p. 209.

91 SCHULTZ, Hans. op. cit., v. 2, p. 313.

92 PLACHTA, Michael. op. cit., p. 107.

93 GARDOCKI, Lech. Double criminality in extradition law, cit., p. 289.

94 ARAÚJO JUNIOR, João Marcello de. La extradición. In: CURSO de cooperación penal internacional. Montevideo: Carlos Alvarez, 1994. p. 62.

95 BASSIOUNI, M. Two models of extradition in law and practice, cit., p. 360.

96 Id., loc. cit.

Interessante que mesmo para Schultz, para quem a dupla incriminação só assume relevância se utilizada para a proteção do individuo, há ressalva "*as long as the criminal laws of several states differ on what behavior is to be punished, the principle of double criminality must be upheld quite apart from its effect as a protection of the fugitive criminal.*"[97]

Swart vai mais além, diz que os Estados não estão obrigados a aplicar a dupla incriminação nas suas relações internacionais, sejam elas bilaterais ou multilaterais, já que a dupla incriminação não pode ser deduzida das convenções internacionais em direitos humanos. Nesse sentido, afirma inexistir convenção ou tratado em direitos humanos que preveja expressamente o direito a que o ato que constitua crime no Estado requerente seja também crime no Estado requerido.[98]

Christine van den Wyngaert apresenta, ainda, uma outra visão. Segundo a autora, o princípio da legalidade não deve ser invocado nesse contexto. Prossegue dizendo que uma das formas para se examinar tal princípio é através de sua dimensão territorial, a qual dentro de uma perspectiva histórica está relacionada ao local do crime. Assim, acredita a autora que o comportamento criminoso deve ser analisado como uma ofensa apenas sob a ótica do Estado que serviu de local para o delito.[99]

Apesar de vincular seu raciocínio apenas aos crimes transnacionais, do seu pensamento observamos um questionamento no tocante ao aspecto da territorialidade previsto na dimensão do princípio da legalidade.

Novamente, se formos buscar a origem da territorialidade penal, esboçada anteriormente, vamos lembrar que a noção da vinculação da lei penal ao território nasceu ligada à idéia de que a pena deveria ser aplicada no local

---

97 SCHULTZ, Hans. op. cit., v. 2, p. 313.

98 SWART, Bert A.H.J. op. cit., p. 520. A assertiva constitui uma verdade se a dupla incriminação não estiver vinculada ao princípio da legalidade, uma vez que, tanto para a Convenção Interamericana de Direitos Humanos, quanto para a Convenção Européia de Direitos Humanos, o princípio da legalidade não admite suspensão ou derrogação mesmo em caso de necessidade ou por razões de Estado.

99 *"The legality principle has, to my knowledge, not yet been invoked in this context. It would, I think, be worthwhile to study and further develop the contours of this principle in transnational criminal procedures. One of the questions to be examined is that of the "territorial dimension" of the principle. Looking at it from the perspective of its historical rationale, the legality principle must be related to the locus of the crime and cannot, I think, be construed as meaning that, in a transnational criminal proceeding (where theoretically, one or more states could carry out the investigation with respect to a given crime, others take care of the trial on the merits and still others enforce the judgment.), the behavior in question must be "criminal" according to the laws of all the countries involved. A minimum required, I think, is that the behavior should be an offense under the lex loci delicti".* WYNGAERT, Christine van den. Rethinking the law of international criminal cooperation: the restrictive function of international human rights through invidual-oriented bars. In: ESER, Albin; LAGODNY, Otto (Eds.). *Principles and procedures for a new transnational criminal law*: documentation of an international Workshop in Freiburg, May 1991. Freiburg im Breisgau: Max-Planck-Inst. für Ausländisches und Internationales Strafrecht, 1992. p. 493.

onde praticado o delito. Em outras palavras, a lei penal que deve ser certa, prévia, escrita e estrita, e que vincula o juízo, é a lei do território. O que indaga a autora citada acima é o seguinte: se o que se requer, pela territorialidade penal, é que a pena seja aplicada segundo a *lex loci delicti,* porque submeteríamos o fato extraditável a *lex fori delicti?*

Parece-nos, à toda evidência, que o princípio da legalidade penal está vinculado ao local do crime.

De tudo isso, devemos concluir que a dupla incriminação deve estar respaldada em sólidos argumentos jurídicos de legitimidade, do contrário só servirá para gerar atrito entre os Estados.

4.3 A dupla incriminação e a solidariedade internacional

A dupla incriminação possui fundamento, ainda, na solidariedade internacional, significando que a cláusula só faz sentido se interpretada dentro do contexto no qual se insere, qual seja, o da cooperação jurídica internacional.

Assim, basta que o crime esteja previsto no tratado, pouco importando se previsto na lei interna, para se ter por válida a condição do fato extraditável ser punível perante os Estados contratantes. Nessa visão, crescem em importância as normas internacionais que passariam a ter maior relevância que as normas internas sobre extradicão.

Citando Jescheck e sua contrariedade à condição da dupla incriminação, Quintano Ripollés esclarece,

> "Su esencialidad, empero, es sumamente discutible, pues, en rigor, una institución internacional basta que se rija por sus propias normas, y si en el tratado se prevé una infracción que no reflejada en los ordenamientos locales o en alguno de ellos, la función típicamente previa se halla cumplida sin necesidad de otras nacionales corroborantes y en cierto modo redundantes. Por estas y otras razones de solidariedad lo combate JESCHECK en el acotado marco de la Comunidad europea[100]

Em certo sentido, o argumento da solidariedade internacional foi o adotado pela União Européia quando em decisão-quadro determinou uma lista de 32 crimes sujeitos ao mandado de detenção europeu, para os quais, expressamente, afastou a dupla incriminação. Veremos mais sobre o assunto na Parte III desta obra.

---

[100] RIPOLLÉS, Quintano. op. cit., t. 2, p. 204, referindo-se a um artigo apresentado por Jescheck no Congresso de Direito Comparado de Munique, em 1954 – *Die internationale Rechtsshilfe in Strafsachen in Europa,* en "Zeitschrift f. d.ges. str. Wiss", Berlín, IV).

PARTE II - A DUPLA INCRIMINAÇÃO E A EXTRADIÇÃO NO BRASIL

TÍTULO I

O ESPAÇO NORMATIVO DA DUPLA INCRIMINAÇÃO

1. A DUPLA INCRIMINAÇÃO E A EXTRADIÇÃO COMO INSTRUMENTO DE COOPERAÇÃO JURÍDICA INTERNACIONAL. O PROCESSO DE EXTRADIÇÃO PASSIVA

A extradição é um dos veículos em que se manifesta a cooperação jurídica entre os Estados.

A cooperação jurídica internacional pode ser definida como o conjunto de atos de auxílio entre Estados e entre Estados e organizações internacionais, destinados à preparação, desenvolvimento e execução dos seus diferentes produtos.[1]

Trazendo o conceito ao campo penal, Raúl Cervini define o termo cooperação como

> o conjunto de atividades processuais (cuja projeção não se esgota nas simples formas), regulares (normais), concretas e de diverso nível, cumpridas por órgãos jurisdicionais (competentes) em matéria penal, pertencentes a distintos Estados soberanos, que convergem (funcional e necessariamente) em nível internacional, na realização de um mesmo fim, que não é senão o desenvolvimento (preparação e consecução) de um processo (principal) da mesma natureza (penal), dentro de um estrito marco de garantias, conforme o diverso grau e projeção intrínseca do auxílio requerido.[2]

---

1 O conceito foi desenvolvido pelo Professor André de Carvalho Ramos durantes as aulas ministradas na disciplina "Cooperação Jurídica Internacional" para os alunos de pós-graduação da FDUSP. O termo "jurídico" foi eleito o mais adequado, porque, embora voltada à função jurisdicional, a cooperação internacional também se destina à prática de atos pré-processuais, em antecipação à função jurisdicional, daí não ser "jurisdicional", tampouco seria "judiciária", porque representa, igualmente, atividades desenvolvidas por órgãos não judiciários, como o Ministério Público (com exceção de certos países, a exemplo da Itália e França), e pela mesma razão se justificaria a não utilização do termo "judicial".

2 CERVINI, Raúl; Juarez Tavares. *Princípios de cooperação judicial penal internacional no Protocolo do Mercosul.* São Paulo: Ed. Revista dos Tribunais. 2000. p. 51.

Nádia de Araújo, por sua vez, entende a cooperação *como um intercâmbio internacional para o cumprimento extraterritorial de medidas processuais do Poder Judiciário e de outro Estado.*[3]

Na mesma linha, define-a Ricardo Perlingiero Mendes, isto é, como um intercâmbio de atos públicos, legislativos e jurisdicionais.[4]

A despeito das diferentes terminologias e conceitos atribuídos ao tema cooperação internacional, no tocante a sua finalidade, os autores costumam ser uniformes em apregoá-la como uma necessidade no mundo contemporâneo.[5] Não por acaso, prolifera o número de tratados e acordos internacionais em matéria de cooperação jurídica internacional.

A extradição é uma das formas pelas quais os Estados exercem esse auxílio mútuo,[6] consistindo, como já dissemos, no procedimento através do qual um Estado (Estado requerente) solicita a outro (Estado requerido) a entrega de pessoa processada ou condenada para o fim de responder a processo criminal ou cumprir uma pena.

Quando a extradição é para o fim de responder a processo criminal, dizemos que a extradição é instrutória, quando objetiva a entrega de pessoa condenada para o cumprimento de pena no Estado requerente, dizemos que a extradição é executória.

Ao procedimento que regula a solicitação do Estado requerente dá-se o nome de extradição ativa; a entrega pelo Estado requerido, por sua vez, é disciplinada através do procedimento conhecido por extradição passiva.

A dupla incriminação, como condição para a extradição, deve ser analisada no âmbito do procedimento de extradição passiva, a que damos o nome de ação de extradição passiva. Assim, é o juízo do foro onde se encontra o extraditando que ficará responsável por examinar se o fato imputado pelo Estado requerente é ou não crime segundo a legislação penal local.

No Brasil, a ação de extradição passiva encontra matriz constitucional.

---

3 ARAÚJO, Nádia. *Cooperação jurídica internacional no Superior Tribunal de Justiça:* comentários à Resolução nº 9/2005. Rio de Janeiro: Renovar, 2010. p. 2.

4 SILVA, Ricardo Perlingiero Mendes da. Cooperação jurídica internacional e auxílio direto. *Revista CEJ*, Brasília, n. 32, p. 76, jan./mar.2006.

5 Para citar, Anne Marie Slaughter explica que a soberania Westphaliana enfrenta dois desafios fundamentais hoje: o desafio da inefetividade (a habilidade estatal para controlar seu próprio território sem a interferência externa não é mais suficiente para permitir governar efetivamente, fornecer segurança, estabilidade econômica, medidas de prosperidade, ar e água limpos, e padrões de saúde) e o desafio da interferência. Os Estados não podem ser efetivos atuando sozinhos ou deixando outros Estados sozinhos. Precisam auxiliar outros Estados, senão o fizerem serão deixados à parte. SLAUGTHER, Anne Marie. *Sovereignty and power in a networked world order.* Stanford Journal of International Law, v. 40, 2004.

6 A expressão aqui foi utilizada como sinônimo de cooperação recíproca, não confundir com assistência mútua ou auxílio direto.

Trata-se de procedimento de competência originária do Supremo Tribunal Federal, nos termos do artigo 102, inciso I, alínea "g", da Constituição Federal de 1988.

A ação de extradição passiva passou para a competência do Supremo Tribunal Federal a partir da Constituição de 1934, quando previsto, no artigo 76, alínea "g", daquela carta constitucional, que competiria à Corte Suprema "*a extradição de criminosos, requisitada por outras nações, e a homologação de sentenças estrangeiras.*"

Até 1934 a solicitação de extradição por autoridade estrangeira era de exclusiva competência do Poder Executivo. Apenas pela via do *habeas corpus,* consagrado na Constituição republicana, de 1891, a matéria poderia chegar a julgamento pelo Supremo Tribunal Federal.

As Constituições de 1937[7], 1946[8], 1967[9], 1969[10] mantiveram a competência do Supremo Tribunal Federal.

Portanto, desde 1934 o procedimento de extradição passiva é misto, possuindo três fases: uma administrativa, outra judicial, e, por fim, o retorno à esfera administrativa. A não exclusividade judicial faz com que o procedimento, inevitavelmente, sofra uma maior influência da vontade soberana do Poder Executivo, que poderá guiar a finalização do procedimento de extradição conforme a dicção de suas relações internacionais. [11]

A solicitação estrangeira chega ao Brasil pela via diplomática, através do Ministério das Relações Exteriores, que encaminha o pedido ao Ministério da Justiça, o qual analisa-o, podendo rejeitá-lo de plano, por descumprimento de cláusula do tratado ou norma da lei extradicional. O pedido pode, também, ser complementado, nesta fase, pela autoridade estrangeira, caso possua uma irregularidade formal que possa ser emendada, a pedido do Ministério da Justiça. No caso do Ministério da Justiça entender processar o pedido que se encontra conforme com a lei ou tratado, este será encaminhado ao Supremo Tribunal Federal. Assim, o pedido só chega a fase judicial caso não ocorra recusa sumária.

---

7 "*Artigo 101. Ao Supremo Tribunal Federal compete: (...) f) a extradição de criminosos, requisitada por outras nações, e a homologação de sentenças estrangeiras.*"

8 "*Artigo 101. Ao Supremo Tribunal Federal compete: (...) g) a extradição de criminosos, requisitada por Estados estrangeiros e a homologação das sentenças estrangeiras.*"

9 "*Artigo 114. Compete ao Supremo Tribunal Federal: (...) g) a extradição requisitada por Estado estrangeiro e a homologação das sentenças estrangeiras.*"

10 "*Artigo 119. Compete ao Supremo Tribunal Federal: (...) g) a extradição requisitada por Estado estrangeiro e a homologação das sentenças estrangeiras.*"

11 A se ver do julgamento do Caso Battisti onde o Supremo entendeu expressamente que a fundamentação da denegação do tratado pelo Presidente da República era ato de soberania.

Como o exame da dupla incriminação requer a interpretação da lei penal e o juízo de subsunção do fato à norma penal, via de regra, é realizado somente quando o procedimento chega à fase judicial, exceto, é claro, quando se tratar de fato notoriamente não admitido pelo direito brasileiro, como o não pagamento de dívida civil que porventura for crime em território estrangeiro.

Uma vez no Supremo Tribunal Federal a solicitação passa pelo chamado juízo de contenciosidade limitada, isto é, ao Supremo Tribunal Federal compete realizar apenas um *controle de legalidade*, analisando se as condições previstas no tratado ou na lei extradicional estão cumpridas, ou ao revês, se não se trata de fato para o qual a extradição é proibida segundo a lei ou tratado.[12]

As circunstâncias fáticas que envolvem o crime objeto do pedido de extradição só são analisadas pelo Supremo Tribunal Federal por razões limitadas, uma delas, em face do exame da dupla incriminação.

Por isso, a solicitação estrangeira deve estar suficientemente instruída com a legislação própria do pais solicitante, onde se encontra tipificado o crime objeto da extradição, e com a acusação formal pela autoridade estrangeira competente, onde se encontram deduzidos os fatos objeto da solicitação.

A fase judicial é deflagrada com a prisão do extraditando para fins de extradição, seja para cumprimento de processo penal no território da autoridade solicitante, seja para cumprimento de sentença criminal condenatória.

A terceira fase é a de cumprimento da extradição. Denegada a extradição pelo Supremo Tribunal Federal, a solicitação estrangeira não será executada pelo Poder Executivo. Por outro lado, se autorizada a extradição pelo Supremo Tribunal Federal, o Poder Executivo poderá ou não atender a solicitação estrangeira, desde que fundamentada a negativa em tratado vigente no ordenamento brasileiro.[13]

Em razão de possuir um sistema misto de extradição, diz-se que o Brasil adotou o chamado sistema belga, cujo procedimento está previsto na lei belga de 5 de abril de 1868, e que conta com a participação do Poder Judiciário para conhecer da demanda e determinar a prisão do extraditando.

---

[12] BILLOT, A. op. cit.: *" La Cour n'a point à décider si l'accusé est ou non coupable, si les présomptions de culpabilité sont fondées ou non. L'examen du fond même du procès criminel, intenté à l'individu réclamé, échappe à sa connaissance. Son attention doit porter uniquement sur le point de savoir, si la demande d'extradition est régulière, conforme aux dispositions du traité et de la loi sur les extraditions. En un mot, la Cour est chargée de juger la demande d'extradition et non l'individu réclamé. »* (p. 190). O sistema de contenciosidade limitada será também abordado no Titulo II.

[13] Assim decidiu a Suprema Corte na Ext. 1085, no caso de refúgio concedido ao cidadão italiano Cesare Battisti.

Assim, dependendo do sistema, isto é, do órgão que decide a entrega, os Estados podem adotar um procedimento exclusivamente administrativo (ou governamental)[14], judicial[15] ou misto, como no caso brasileiro.[16]

2. A DUPLA INCRIMINAÇÃO E AS FONTES DA EXTRADIÇÃO

A extradição no Brasil será concedida mediante tratado, promessa de reciprocidade ou lei interna.

A extradição no Brasil surgiu através da celebração de tratados bilaterais.

Os primeiros tratados sobre a matéria foram firmados com o Rei da Grã-Bretanha e Irlanda[17], França[18], com o Rei da Prússia, Frederico Guilherme III[19] e Portugal[20]. Todos previam crimes específicos em seus textos, de maneira geral, crimes contra a coroa, em relação aos quais o Brasil obrigava-se a não conceder proteção. Não se falava, assim, em dupla incriminação. A primeira Constituição brasileira, de 1824, por sua vez, não previa o instituto da extradição.[21]

No Brasil Império, o sistema extradicional era exclusivamente administrativo. As extradições eram concedidas com base nos tratados celebrados e no artigo 7, n. 2º, da Lei n. 234, de 23 de novembro de 1841, que previa a consulta ao Conselho de Estado em assuntos com as nações estrangeiras,

14 Historicamente, chamado de sistema francês, uma vez que, atualmente na França a autoridade judiciária se manifesta sobre o pedido, embora a decisão caiba ao Primeiro Ministro, por decreto.

15 Como previsto para os países da União Européia.

16 Ver mais sobre sistemas de extradição em BILLOT, A. op. cit.; STIEGLITZ, Alexandre de. *Etude sur l'extradition.* Paris: Pedone-Lauriel, 1883. SOUZA, Artur de Brito Gueiros. *As novas tendências do direito extradicional.* Rio de Janeiro: Renovar, 1998.

17 Trata-se do Tratado de Comércio e Navegação, de 19 de fevereiro de 1810. O seu artigo 14 previa que os países contratantes obrigavam-se a não conceder proteção dentro de seus domínios aos culpados de traição, falsidade e outros crimes de natureza "odiosa". ACQUARONE, Appio Claudio. *Tratados de extradição*: construção, atualidade e projeção do relacionamento bilateral brasileiro. Brasília: Instituto Rio Branco, Fundação Alexandre de Gusmão, 2003. p. 38.

18 Em 1826, por acordo de 6 de junho, com Carlos X, o Brasil se obrigou a não receber nem dar proteção em seu território a acusados de alta traição, falsidade de natureza odiosa, fabricação de moeda ou de papel que a representasse, conforme MACIEL, Anor Bultler. op. cit., p. 11.

19 Em 09 de julho de 1827. O texto aborda que os indivíduos acusados nos Estados de uma das altas partes contratantes dos crimes de alta traição, felonia, fabricação de moeda falsa ou de papel que a represente, não receberão proteção nos Estados da outra, antes, pelo contrário, serão deles expulsos, logo que assim o for requerido pelo Governo respectivo. ACQUARONE, Appio Claudio. op. cit., p. 42.

20 Em 19 de maio de 1836, que da mesma forma obrigava o Brasil a não receber nem dar proteção em seu território a acusados de alta traição, falsidade de natureza odiosa, fabricação de moeda ou de papel que a representasse conforme MACIEL, Anor Bultler. op. cit., p. 11.

21 Como diz Appio Cláudio Acquarone *"a personificação dos interesses nacionais deixava-se refletir no campo da cooperação punitiva entre Estados, ainda sem o arcabouço de suas respectivas estruturas legais tais como hoje reconhecidas, mas legitimada pela vontade bastante e incontestada dos detentores do poder real"* ACQUARONE, Appio Claudio. op. cit., p. 25.

artigos 9º e 20 do Regulamento n. 124, de 5 de fevereiro de 1842, e artigos 9º e 20º, combinados com decreto de 9 de fevereiro de 1842.[22]

A primeira disciplina interna sobre o tema só surgiu, verdadeiramente, através de uma Circular do Ministro dos Negócios Estrangeiros, expedida em 4 de fevereiro de 1847, aos agentes diplomáticos e funcionários consulares do país.

A origem da Circular de 1847 foi um pedido da França, feito em 1846, em que aquele país requeria a extradição de súditos franceses por crimes diversos dos enumerados no tratado em vigor com o Brasil.[23] Em face dos estudos gerados por força do pedido francês, o Ministro dos Negócios Estrangeiros, Bento da Silva Lisboa, o Barão de Cairú, expediu a Circular de 1847, prevendo condições em que o Governo brasileiro entregaria criminosos sob promessa de reciprocidade e consagrando a natureza administrativa do processo de extradição.

Escreve Anor Butler que o processo observado com relação à extradição passiva era o seguinte: recebido o pedido pelo Ministro dos Negócios Estrangeiros, se o Conselho de Ministros não o recusasse imediatamente, era ouvido o Procurador Geral da Coroa. Caso este opinasse favoravelmente à extradição pedida, era de pronto concedida, antes mesmo da prisão do extraditando. O Procurador podia, também, opinar pela rejeição do pedido pelo Conselho de Ministros, ou pela audiência da seção dos Negócios Estrangeiros do Conselho de Estado Imperial, órgão consultivo da Coroa.[24]

Somente algumas décadas depois, já no século seguinte, em 1911, surgiria outra legislação sobre extradição, primeiro diploma legal brasileiro a prever a dupla incriminação.

2.1 A reciprocidade

A partir de 1847 a extradição passou a ser concedida no Brasil não apenas por tratados, mas, também, por promessas de reciprocidade

Através de uma *declaração de reciprocidade* o Estado requerente assegura ao Estado requerido que atenderá a solicitação de extradição, nas mesmas condições, quando por este demandado em pedido da mesma natureza.

As declarações de reciprocidade permitiam, como ainda permitem, a concessão da extradição na ausência de tratados ou para crimes não previstos

22 Ao Conselho de Estado competia opinar sobre negociações com as nações estrangeiras.
23 Conforme narra Anor Butler. MACIEL, Anor Bultler. op. cit., p. 11.
24 Id. Ibid., p. 12.

em tratados vigentes. São tipicamente atos de soberania dos governos envolvidos no processo extradicional.

No entanto, por um período na história do Brasil, a reciprocidade foi abolida da disciplina da extradição.

Em 1905, em sede de *habeas corpus,* o Supremo Tribunal Federal decidiu que a extradição só poderia ser concedida se baseada em tratado aprovado pelo Poder Legislativo, tal como previa a Constituição de 1891, e não mais na vontade exclusiva do Poder Executivo, abolindo por completo a possibilidade de extradições decorrentes de promessas de reciprocidade.[25]

Em 1911, na esteira do decidido pelo Supremo Tribunal Federal, o parlamento brasileiro editou a Lei n 2.416, de 28 de janeiro de 1911, prevendo, no seu art. 10, que "*nenhum pedido de extradição será atendido sem prévio pronunciamento do Supremo Tribunal Federal sobre a legalidade e procedência do mesmo*", bem como, no seu art. 12, que "*serão denunciados todos os tratados de extradição ainda vigentes.*" Assim, a extradição só poderia ser concedida mediante tratado ou com base nas disposições da Lei de 1911.

O artigo 2º da Lei 2.416/11 foi o primeiro diploma legal brasileiro a expressamente prever a dupla incriminação. A dupla incriminação era prevista de forma combinada com o método eliminatório de infrações extraditáveis, estabelecendo aquela legislação que "*A extradição não pode ser concedida nos casos seguintes: I. Quando a infração não estiver imposta pela lei brasileira, pena de prisão de um ano ou mais, compreendidas a tentativa, a co-autoria e cumplicidade.*"

No plano internacional, posteriormente, o Brasil passou a ser signatário do Código de Bustamante, que igualmente determinava a dupla incriminação no sentido reconhecido: "*para que a extradição possa ser pedida, é necessário que o fato que a motive tenha caráter de delito, na legislação do Estado requerente e na do requerido.*"[26]

Em 28 de abril de 1938 foi editado o Decreto-Lei n. 394, de 28 de abril de 1938, revogando a Lei n. 2416, de 28 de janeiro de 1911, o qual previu, da mesma forma, no seu artigo 2º que *não será, também, concedida a extradição nos seguintes casos: I - Quando não se tratar de infração segundo a lei brasileira ou a do Estado requerente.*"

O Decreto-Lei n. 394/38, posteriormente, foi revogado na década de 60, pelo Decreto-Lei n. 941, de 13 de outubro de 1969, passando a extradição a ser regulada dentro da legislação específica sobre o estrangeiro, tal como nos dias de hoje.

---

[25] ABADE, Denise Neves. op. cit.

[26] Decreto n. 18.871, de 13 de agosto de 1929, art. 353.

O artigo 87 do Decreto-Lei n. 941/69 voltou a prever, expressamente, a reciprocidade de tratamento como uma das fontes da extradição, ao lado dos tratados e de suas próprias disposições.

Ademais, o referido decreto-lei continuou a consagrar a dupla incriminação no sentido, atualmente, conhecido. De acordo com o seu artigo 88 a extradição não será concedida "*quando o fato que a motivar não for considerado crime pela lei brasileira ou a do Estado requerente.*"

No tocante à expressão "ou a do Estado requerente", previstas nessas legislações, devemos entender o "ou" ali previsto como "e", conforme foi decidido na Extradição n. 142, Ministro Filadelfo de Azevedo.[27]

Podemos ver que a partir da Lei n. 2416, de 4 de fevereiro de 1911, o Brasil passou a adotar a dupla incriminação nos seus textos legais sobre extradição.

Não por acaso, percebemos que foi exatamente na época em que se discutia a reciprocidade no ordenamento brasileiro.

É que a reciprocidade sempre foi a forma encontrada para atender-se à solicitação estrangeira quando não previsto o crime nos tratados assinados entre os Estados.

Ora, a Lei n. 2.416/1911 revogou todos os tratados até então vigentes, que, em regra, previam o método enumerativo de crimes extraditáveis ou alguns crimes na forma enumerativa dos crimes extraditáveis e a reciprocidade como compromisso entre os Estados para a extradição de qualquer outro "grande criminoso" que estivesse no Estado requerido[28]. Com a revogação desses tratados e com a abolição da reciprocidade, os tratados assinados posteriormente tiveram que abranger todos os tipos de condutas; por consequência, o método mais flexível, mais genérico, da dupla incriminação *em abstrato*, passou a ser o mais adequado.

A consequência disso foi que, uma vez consagrada nacional e internacionalmente a dupla incriminação, quando a reciprocidade retornou para o ordenamento jurídico brasileiro não havia mais como retroceder à antiga forma de enumeração de crimes extraditáveis.

---

27 MACIEL, Anor Bultler. op. cit., p. 57.

28 Ver, por exemplo, os seguintes tratados: Tratado para Entrega Recíproca de Criminosos e Desertores e para a Devolução de Escravos com o Uruguai, de 1851; Tratado de Extradição com a Venezuela, de 1852,; Tratado de Extradição com o Equador, de 1853; Tratado de Extradição entre o Brasil e a Argentina, de 1857; Tratado de Extradição com a Espanha, de 1872; Tratado de Extradição com a Itália, de 1873; Tratado de Extradição com a Alemanha, de 1877, disponíveis em www.mre.gov.br. Interessante que alguns desses tratados, como os assinados com a Venezuela, Argentina e Uruguai exigiam a prova do crime tal como se o delito tivesse sido cometido no Brasil.

2.2 *Os tratados de extradição vigentes no Brasil*

Tratado é o ato jurídico por meio do qual se manifesta o acordo de vontades entre dois ou mais sujeitos de direito internacional, podendo ser bilateral ou multilateral.[29]

No Brasil, todos os tratados em matéria de extradição devem ser aprovados pelo Congresso Nacional, de acordo com o artigo 49, inciso I, da Constituição Federal de 1988. É assim desde a Constituição de 1891.

O tratado é aprovado pelo Congresso Nacional através de decreto legislativo, cuja promulgação e publicação é de incumbência do Presidente do Senado. Após a aprovação parlamentar, o tratado é remetido ao Presidente da República para a ratificação. O tratado pode ou não ser ratificado pelo Poder Executivo, através do depósito do respectivo instrumento. Todavia, a aprovação do Poder Legislativo é condição indispensável para que o governo brasileiro expresse no plano externo o seu consentimento acerca do tratado..[30]

A recepção dos tratados pelo ordenamento jurídico dependerá, ainda, da promulgação de seu texto pelo Presidente da República, através de um decreto, e de sua publicação oficial para que possa começar a produzir seus efeitos.[31]

As formalidades para a extradição estão previstas nos tratados ou na lei interna, ou em ambos. Como é uma prática desenvolvida ao longo dos anos, está assentada em várias exigências, exclusões, exceções, defesas e procedimentos.

Atualmente, o Brasil possui 25 tratados bilaterais em matéria de extradição e 2 acordos regionalizados assinados no âmbito do Mercosul.

---

29 ACCIOLY, Hildebrando; CASELLA, Paulo Borba; SILVA, G. E. do Nascimento e. op. cit., p. 132. O aparecimento de novos sujeitos internacionais, como as organizações internacionais e suas agências especializadas contribuiu para o processo expansivo da cooperação internacional. Isso porque, os Estados deixaram apenas de celebrar acordos bilaterais para instrumentalizar tratados multilaterais. Com estrutura de secretariado, as organizações internacionais propiciaram os fenômenos da multilateralidade, permanência e institucionalização, na base dos quais foram celebrados os primeiros acordos sobre cooperação técnica, os principais tratados em matéria de cooperação jurídico -penal e são consolidadas as posições comuns, as resoluções, diretivas, decisões, decisões marco e convênios no espaço de cooperação penal da União Européia. Ver mais sobre organizações internacionais em TRINDADE, Antônio Augusto Cançado. *Direito das organizações internacionais.* Belo Horizonte: Del Rey, 2009 e SEITENFUS, Ricardo. op. cit.

30 AMARAL JUNIOR, Alberto do. *Introdução ao direito internacional público.* São Paulo: Atlas, 2008. p. 57.

31 Tais condições (promulgação por decreto) e publicação foram assentadas fundamentais pelo STF para o início da vigência dos tratados assinados pela República Federal do Brasil, notadamente, nos casos de cartas rogatórias passivas com base no Protocolo de Ouro Preto, no âmbito do Mercosul, a exemplo da CR8279/AgR-Argentina, de 17/06/1998.

A condição da dupla incriminação, *em abstrato* e *em concreto*, aparece em todos eles, sempre combinada com o método eliminatório de crimes de menor lesividade, via de regra, aqueles que possuem pena de até 1 ano.

Com o propósito de facilitar a leitura, sistematizamos os tratados em face da cláusula da dupla incriminação na forma que segue:

Dupla incriminação *em abstrato* *(isoladamente ou cumulada com os métodos enumerativo e eliminatório de ofensas extraditáveis).*	Tratados bilaterais e regionalizados de extradição assinados pela República Federal do Brasil de 1919 – 2009
Pena a aplicar ou aplicada, segundo as leis do país requerido, de 1 ano de prisão, no mínimo, tanto para processados como para condenados O tratado refere-se a crime, delito ou infração, indiscriminadamente ao longo do texto. Não exclui a possibilidade de extradição para contravenção (art. 1, "a).	Uruguai. Decreto n. 13.414, de 15/01/1919 Art. I, "d"
Pena de 1 ano no mínimo, a cominar ou já cominada, compreendidas a tentativa e a cumplicidade. Não deixa claro se a pena mínima é de acordo com as leis do Estado requerente ou requerido, ou de ambas, e mesmo se a pena é privativa de liberdade. Refere-se a crime e infração indiscriminadamente ao longo de seu texto.	Paraguai. Decreto n. 16.925, de 27/05/1925 Art. X, 1º
Pena de 1 ano, no mínimo, de prisão, segundo as leis do Estado requerido, compreendidas não só a autoria e a co-autoria, mas também tentativa e cumplicidade. Refere-se apenas a prisão, que, em tese, pode comportar a prisão simples, bem como, a delito, crime e infração indiscriminadamente	Chile. Decreto n. 1.888, de 17/08/1937. Art. II Equador. Decreto n. 2.950, de 08/08/1938. Art. II. México. Decreto n. 2.535, de 22/03/1939. Art. II Lituânia. Decreto n. 4.528, de 16/08/1939. Art. II Colômbia. Decreto n. 6.330, de 25/09/1940. Art. II Bolívia. Decreto n. 9.920, de 08/07/1942. Art. II Venezuela. Decreto n. 5.362, de 12/03/1940. Art. II

Pena de 2 anos ou mais de prisão, segundo a lei do Estado requerido, compreendidas não só a autoria e a co-autoria, mas também tentativa e cumplicidade. Refere-se apenas a prisão, que, em tese, pode comportar a prisão simples, bem como, a delito, crime e infração indiscriminadamente.	Argentina. Decreto n.62.979, de 11/07/1968. Art. 2º
Pena privativa de liberdade superior a 1 ano, segundo as leis do Estado requerente e do Estado requerido Se a extradição for executória, exige que a duração do restante da pena a cumprir seja superior a 9 meses (Itália e Portugal) ou a 1 ano (Espanha)	Espanha. Decreto n. 99.340, de 22/06/1990. Art.II (1), o qual ainda ressalta: *"independentemente das circunstâncias modificativas e da denominação de delito"* Itália. Decreto n. 863, de 09/07/1993. Art. II(1) Portugal. Decreto n. 1.325, de 02/12/1994. Art. II(1), o qual ainda ressalva: *3.a.) não releva que as leis das Partes Contratantes qualifique ou tipifiquem diferentemente os elementos constitutivos da infração ou utilizem a mesma ou diferente terminologia legal; b) todos os fatos imputados à pessoa cuja extradição é pedida serão considerados, sendo irrelevante a circunstância de serem ou ao diferentes os elementos constitutivos da infração segundo as leis das Partes Contratantes."*
Pena privativa de liberdade de 1 ano, no mínimo, segundo as leis de ambas as Partes. Se a extradição for executória, exige que a duração do restante da pena a cumprir seja superior a 4 meses (Reino Unido), 9 meses (Austrália, República da Coréia) ou a 1 ano (Ucrânia, Peru, Rússia, Romênia e República Dominicana).	Austrália. Decreto n. 2.010, de 23/09/1996. Art. 2(1), o qual ainda ressalta: *"3.a.) não se levará em conta se as leis das Partes Contratantes definem, ou não, a conduta criminosa dentro da mesma categoria penal, ou se a denominam com idêntica terminologia; b) a totalidade dos fatos que constituem a conduta imputada contra o extraditando será tomada em consideração, não se levando em conta se, segundo a lei das Partes Contratantes, os elementos constitutivos da infração forem diferentes."*

	Reino Unido da Grã-Bretanha e Irlanda do Norte. Decreto n. 2.347, de 10/10/1997. Art. 2(1). República da Coréia. Decreto n. 4.152, de 07/03/2002. Art. 2(1), o qual ainda ressalta: *3.a.) não fará diferença se as legislações das Partes Contratantes enquadram a conduta caracterizada como crime na mesma categoria criminal ou se denominam o crime com a mesma terminologia; b) a totalidade da conduta citada contra a pessoa cuja extradição estiver sendo solicitada deverá ser levada em consideração e não fará qualquer diferença se, de acordo com as legislações das Partes Contratantes, os elementos constitutivos do crime diferirem entre si."* Ucrânia. Decreto n. 5.938, de 19/10/2006. Art. 2(1) "b', o qual ainda ressalta: *"independentemente da denominação do crime"* Peru. Decreto n. 5.853, de 19/07/2006. Art. 2, "b", o qual ainda ressalta: *"independentemente das circunstâncias e da denominação do crime".* Rússia. Decreto n. 6.056, de 06/03/2007. Art.2 (1). O art. 3 (3) ressalta: *"a diferença de terminologia jurídica não impedirá a avaliação de um pedido de extradição se o ato pelo qual foi requerida a extradição for crime segundo as legislações de ambas as Partes."* Romênia. Decreto n. 6.512, de 21/07/2008. Art.2(1). República Dominicana. Decreto n. 6.738, de 12/01/2009. Art.2º(1), alínea "b", o qual ainda ressalta: *"independentemente das circunstâncias e da denominação do crime".*

Pena privativa de liberdade de 2 anos, no mínimo, segundo a legislação dos dois Estados. Se a extradição for executória, exige que a duração do restante da pena a cumprir seja superior a 6 meses (Mercosul) ou 9 meses (França)	França. Decreto n. 5.258, de 27/10/2004. Art.2(1) Mercosul. Decreto n. 4.975, de 30/01/2004. Art. 2(1), o qual ainda ressalta: *"independentemente da denominação dada ao crime"* Mercosul, Bolívia e Chile. Decreto n. 5.967, de 03/08/2006. Art. 2(1), o qual ainda ressalta: *"independentemente da denominação dada ao crime"*.
Lista de crimes com a ressalva: desde que puníveis pela lei do país requerido com pena de 1 ano de prisão no mínimo.	Suíça. Decreto n. 23.997, de 13/03/1934. Art. II. (elenca 20 condutas extraditáveis) Bélgica. Decreto n. 41.909, de 29/07/1957. Art. II (elenca 17 condutas extraditáveis).
Lista de crimes com as seguintes ressalvas: A entrega só se efetua à vista de prova de culpa que, de acordo com as leis do lugar em que o indivíduo acusado se encontrar e se o crime ou delito aí se tivesse cometido, justificaria a submissão do mesmo a julgamento. (art. I). A lei do Estado requerente, em vigor no momento em que o crime ou o delito foi cometido, comina pena de privação de liberdade que possa exceder de um ano. (art. III (1)) 2. A lei em vigor no Estado requerente comina, em geral, para o mesmo crime ou delito, quando cometido em seu território, pena de privação da liberdade que possa exceder de um ano. (art. III (2)).	Estados Unidos da América. Decreto n. 55.750, de 11/02/1965. Art. II (elenca 34 condutas extraditáveis) c/c art. III

Claramente observamos que não há um modelo de inserção da dupla incriminação nos tratados assinados pela República Federativa do Brasil. Os tratados que mais se aproximam de um tipo de padrão foram, talvez, aqueles celebrados no final da década de 30 e começo dos anos 40, com Getúlio Vargas e Oswaldo Aranha, notadamente, com os países da América Latina.

A forma enumerativa de crimes só foi adotada para os Estados Unidos da América, Suíça e Bélgica porque são países que reconhecidamente preferem esse método para a definição dos crimes extraditáveis.[32]

Quanto ao acordo com os Estados Unidos da América, parece, em um primeiro momento, que apenas a lei dos Estados Unidos deve ser analisada para os efeitos da incidência da incriminação penal, todavia, visualizando-se mais detidamente o artigo 1º do tratado, vemos que, de qualquer maneira, a extradição só será concedida se o processamento do delito, caso tivesse sido cometido no Brasil, fosse possível segundo as leis brasileiras.

Podemos verificar, também, que as ressalvas quanto à irrelevância da terminologia do delito, circunstância importante para a caracterização da dupla incriminação *em abstrato* aparecem ao longo dos anos de forma esparsa, tendo seu uso sido iniciado na década de 90 com Francisco Rezek no Ministério das Relações Exteriores.

O mesmo ocorre com as ressalvas quanto aos elementos constitutivos do delito, outra figura importante na caracterização da dupla incriminação *em abstrato,* que é lembrada no texto de alguns tratados apenas.

Quanto a isso, vemos que o Brasil claramente não adota a Resolução n. 45/116 (Modelo de Tratado de Extradição da ONU), a qual expressamente recomenda desconsiderar-se as diferenças dos elementos constitutivos no exame da dupla incriminação, definindo que o que importa é a totalidade dos atos e omissões apresentados pelo Estado requerente como objeto da solicitação.

Sobre a utilização das nomenclaturas "crime", "infração", "delito" e "contravenção", devemos ter em conta que o Direito Penal brasileiro contempla a divisão bipartida das infrações penais em crime ou delito e contravenção.

Assim, estão compreendidos no sentido de infração, os crimes ou delitos e as contravenções, que se diferenciam pela gravidade da conduta, de baixa lesividade para as contravenções, e pela espécie de pena cominada. Os crime ou delitos são punidos com penas privativas de liberdade (detenção ou reclusão),[33] restritivas de direitos e multa (art. 32, do Código Penal brasileiro), e as contravenções são sancionadas com prisão simples e multa, e estão previstas no Decreto-lei n. 3.688/1941 – Lei das Contravenções Penais.[34]

---

32 Conforme doutrina de Bassiouni e Sonja Gafner. BASSIOUNI, M. Cherif. *International extradition*: United States law and practice, cit. D'AUMERIES, Sonja Gafner. op. cit., p. 35-37.

33 A pena de reclusão deve ser cumprida em regime fechado, semi-aberto e aberto, e pena de detenção em regime semi-aberto e aberto, salvo necessidade de transferência para o regime fechado. (art. 33, do Código Penal brasileiro).

34 PRADO, Luiz Regis. op. cit., v. 1, p. 239.

Por consequência, os tratados que utilizam as expressões "crime", "delito" e "infração" indistintamente, mencionando apenas a "pena de prisão", em tese não estão afastando as contravenções penais do escopo da extradição, isto é, claro, se a contravenção na sua descrição atender a exigência da pena de 1 ou 2 anos previstas nesses tratados. Por exemplo, as contravenções previstas nos artigos 24 (*Fabricar, ceder ou vender gazua ou instrumento empregado usualmente na prática de crime de furto)* e 51 (*Promover ou fazer extrair loteria, sem autorização legal)* possuem pena de até 2 anos de prisão simples, o que tornaria possível, em tese, a extradição para fins de execução de pena aplicada em 2 anos.

A contrário senso, os tratados que condicionam a extradição aos fatos apenados com pena privativa de liberdade, afastam, expressamente, a possibilidade de extradição para as contravenções, já que apenas os crimes ou delitos são apenados com penas privativas de liberdade.

Aprofundando-nos nas demais cláusulas presentes nos tratados assinados pelo Brasil, relativas à dupla incriminação, percebemos que as diferenças aumentam.

Conforme aponta Lech Gardocki as diferenças dos ordenamentos jurídicos tornam penosa a inserção de outros elementos de análise do fato criminoso, como às relativas à dupla incriminação *em concreto.*[35] Assim, quando passamos ao exame da dupla incriminação *em concreto* nos tratados firmados pela República Federativa do Brasil vemos que ainda é mais difícil o alcance de um padrão. O que comprova que a dupla incriminação *em abstrato,* deve ser, de fato, a forma preferida.

A dupla incriminação *em concreto* confunde-se com as exclusões ou exceções contidas nos tratados de extradição, como já mencionado.

Nos tratados assinados pelo Brasil podemos identificar as seguintes exceções ou exclusões que dizem respeito à exclusão ou extinção do fato, e, portanto, à dupla incriminação *em concreto:*

1) quanto à natureza do crime: a) crimes políticos; b) crimes militares; c) de natureza religiosa; d) decorrentes da manifestação do pensamento em assuntos religiosos ou políticos, como são os tratados assinados com Colômbia, Lituânia e Bolívia.; e) delitos de imprensa ou conexos, como prevêem os tratados assinados com Uruguai, Paraguai, Chile, Equador, México, Argentina, Venezuela e Suíça;

2) quanto às causas extintivas de punibilidade: a) prescrição; b) anistia; c) perdão[36]; d) graça; e) indulto. Com relação à prescrição, existem variantes,

---

35 Cf. nota 88.

36 Os tratados assinados com a República da Coréia e com a Austrália referem-se ao perdão perante o Estado requerido.

como por exemplo, a prescrição ocorre com base na lei do Estado requerente ou requerido[37], apenas com base na lei do Estado requerido[38], apenas com base na lei do Estado requerente[39]. Não é diferente com a anistia e o indulto. Vemos, assim, que o Brasil não segue o que foi recomendado pelas Resoluções do X Congresso Internacional de Direito Penal (Roma, 1969), segundo as quais (Seção IV, IV, "c"), não terão importância para a extradição a anistia decretada pelo Estado requerido e a prescrição conforme suas leis, a menos que o fato incriminado seja de competência desse Estado. [40]

3) quanto às causas de inimputabilidade: menoridade. Os tratados assinados no âmbito do Mercosul expressamente dispõem que não será concedida a extradição se o extraditando for menor de 18 anos. Neste caso, expõem os tratados que o Estado parte requerido tomará as medidas corretivas que, de acordo com o seu ordenamento jurídico, seriam aplicáveis.

4) quanto aos pressupostos processuais da litispendência e *bis in idem*: quando o extraditando já tenha sido processado ou condenado ou absolvido pelo mesmo fato perante o Estado requerido[41], ou perante o Estado requerente e requerido.[42]

Interessante observar que alguns tratados possuem cláusula no sentido de que a extradição não poderá ser negada em se tratando de delito fiscal quando não for o mesmo tipo de imposto perante os dois Estados. É assim com os tratados assinados com a Espanha, Itália, Portugal, Ucrânia, Austrália, República da Coréia, Franca, Peru, Romênia e República Dominicana.

Os tratados bilaterais de extradição também prevêem outros impedimentos ao deferimento da solicitação estrangeira, para proteção do extraditando. A extradição não será concedida quando o extraditando ficar sujeito a tribunal ou juízo de exceção perante o Estado requerente; quando o Estado

---

[37] É assim na maior parte dos tratados: assinados com Paraguai, Chile, Equador, México, Suíça (nos dois últimos casos, a infração ou pena deve estar prescrita antes de chegar o pedido de prisão ou de extradição), Portugal, França, Itália (os tratados firmados com Itália e França ainda dispõe que o fato deve estar prescrito no momento do recebimento do pedido), Venezuela, Bélgica (neste caso, o fato deve estar prescrito no momento em que se deveria efetuar a entrega), Argentina, Espanha, Lituânia, Colômbia, Bolívia e os dois tratados assinados no âmbito do Mercosul.

[38] Como são os tratados com Austrália, República da Coréia, Peru (recusa facultativa) e República Dominicana (recusa facultativa), Ucrânia (recusa facultativa) e Rússia (a prescrição deve ocorrer até o momento do recebimento do pedido).

[39] É o caso do tratado de extradição assinado com o Uruguai.

[40] DE LA CUESTA, José Luis; BLANCO CORDEIRO, Isidoro (Eds.). *Resoluciones de los Congresos de la Asociación Internacional de Derecho Penal (1926-2009), n. 23.* Paris: AIDP/IAPL, 2012.

[41] É assim com os acordos com Paraguai, Chile, Equador, México, Lituânia, Colômbia, Bolívia, Suíça, Venezuela, Bélgica, Estados Unidos, Argentina, Espanha, Itália, Portugal, Austrália, Republica da Coréia, Franca (recusa facultativa quando processado), Ucrânia (apenas quando já julgado), Peru, Rússia (apenas quando já julgado)

[42] Conforme Tratado com o Uruguai.

requerido tiver razões para crer que o pedido de extradição é uma forma de perseguição por motivos de raça, cor, credo, ou outras formas de discriminação; quando há razões para crer que o processo no Estado requerente não oferece garantias mínimas ao Extraditando[43], e algumas recusas facultativas por razões humanitárias.[44] Somam-se a estas cláusulas a proibição da extradição para fins de cumprimento de pena perpétua ou de morte.[45] Entendemos, no entanto, que esses impedimentos não dizem, propriamente, respeito à incriminação do fato, e, portanto, à condição da dupla incriminação. Em verdade, são garantias de proteção ao extraditando, que podem ser sistematizadas dentro da regra do *non inquiry* mitigado, conforme já referido.[46]

Por fim, a maior parte dos tratados multilaterais assinados no âmbito da ONU e da OEA possuem disposições acerca de extradição, podendo ser citadas a Convenção para a Prevenção e Repressão do Crime de Genocídio (Decreto n. 30.822, de 06/05/1952), Convenção para a Repressão do Tráfico de Pessoas e do Lenocínio e seu protocolo adicional (Decretos n. 46.981, de 08/10/1959), Convenção contra a Tortura e outros Tratamentos ou Penas Cruéis, Desumanos ou Degradantes (Decreto n. 40, de 15/02/1991), Convenção Interamericana para Prevenir e Punir a Tortura (Decreto n. 98.386, de 09/11/1989), Convenção sobre o Tráfico Ilícito de Entorpecentes e Substâncias Psicotrópicas (Convenção de Viena, Decreto n. 154, 26/07/1991), Convenção sobre o Combate da Corrupção de Funcionários Públicos Estrangeiros em Transações Comerciais Internacionais (Decreto n. 3678, de 30/11/2000), e muitas outras.

Ocorre que tais convenções, por voltarem-se às condutas proibidas de que dispõem, pouco acrescentam em termos de dupla incriminação, sendo de grande importância a ênfase que dão para que os Estados assumam o compromisso de promoverem a extradição destes delitos, incluindo-os, sempre, como crimes extraditáveis em seus tratados a serem celebrados.

Merece destaque, no entanto, a Convenção contra o Crime Organizado Transnacional (Convenção de Palermo)[47], que pode ser utilizada para mais de uma figura delitiva com as características de uma organização criminosa. Nesta, consta previsto que a extradição será concedida *desde que a infração pela qual é pedida a extradição seja punível pelo direito interno do Estado Parte requerente e do Estado requerido.*

---

43 Incomum, previsto apenas no Tratado assinado com Portugal.

44 O acordo assinado com a França prevê recusa facultativa por *razões humanitárias* ou pelo estado de saúde e idade do extraditando.

45 Conforme tratados assinados com Portugal e no âmbito do Mercosul.

46 Segundo desenvolve Denise Neves Abade na obra *Direitos fundamentais na cooperação jurídica internacional:* extradição, assistência jurídica, execução de sentença estrangeira e transferência de presos, cit.

47 Decreto 5015 de 12 de marco de 2004.

Vale mencionar, ainda, que as condutas previstas na Convenção Internacional para Supressão do Financiamento ao Terrorismo[48] e na Convenção Interamericana contra o Terrorismo[49], não poderão ser consideradas como crimes de natureza política, para fins de extradição. A mesma disciplina consta da Convenção para a Prevenção e Repressão do Crime de Genocídio (art. 7º).

De tudo isso, podemos concluir que convivemos, hoje, com a realidade da inserção da cláusula da dupla incriminação nos tratados bilaterais de extradição assinados pelo Brasil, ainda em vigor.

2.3 *A Lei n. 6.815/1980. O Estatuto do Estrangeiro. O projeto de lei do novo Estatuto do Estrangeiro*

Avançou-se muito no país, nas últimas décadas, em termos de cooperação jurídica internacional em matéria penal.

Os avanços ocorridos podem ser percebidos na mudança de entendimento jurisprudencial[50], na assinatura de um número maior de acordos bilaterais de auxílio mútuo[51], na proliferação de doutrina especializada, e no empenho na elaboração de projetos de lei que visam disciplinar o tema, seja na forma de legislação esparsa, seja como capítulo do Estatuto Processual Penal brasileiro.[52] Isso deveu-se, em grande parte, ao interesse de se colocar na pauta das relações internacionais a busca pela agilidade no atendimento de solicitações estrangeiras, a construção de um *networking* entre as autoridades judiciárias e não judiciárias[53] dos diferentes países e, conseqüentemente, do melhor conhecimento da matéria entre os juristas que a ela se dedicam.

---

48 Decreto 5640 de 26 de dezembro de 2005.

49 Decreto 5639 de 26 de dezembro de 2005.

50 Cita-se a mudança de entendimento quanto à concessão de *exequatur* a cartas rogatórias passivas de natureza executória. Primeiramente, em face dos Protocolos de Las Lenas e Ouro Preto, que ensejaram as inovações no âmbito do STF e que vem sendo mantida pelo STJ no tocante a solicitações estrangeiras de países não integrantes do Mercosul .Cita-se, também, a Resolução n. 9 do STJ, sobre assistência jurídica ou auxílio direto.

51 Na última década foram assinados Acordos de Cooperação e Assistência Mútua em matéria penal com os Estados Unidos da América, Colômbia, Peru, República da Coréia, República Popular da China, Espanha, Canadá, Suíça, Suriname e Ucrânia. Para ver a íntegra dos acordos bilaterais consultar em MINISTÉRIO DA JUSTIÇA. *Cooperação internacional*. Disponível em: <http://portal.mj.gov.br/data/Pages/MJD6765F39ITEMID2D47B89B61AF41498B54471D880805DDPTBRIE.htm>. Acesso em: jun. 2012.

52 Como os PL's 326/2007, n.156/2009 e n. 1318/2011.

53 Através do contato com as bases da Interpol, Europol e Ameripol por exemplo, bem como, dos convênios celebrados entre Ministérios Públicos em termos de cooperação jurídico-penal.

As principais inovações, contudo, não alcançaram a legislação da extradição.[54]

A extradição continua sendo regulada pelo Estatuto do Estrangeiro, elaborado na década de 80 e segue como um espelho dos valores políticos da época, carregado de nacionalismo e certo segregacionismo. Tanto é assim que a matéria é disciplinada dentro da situação jurídica do estrangeiro, como se fosse ato de pura soberania nacional, quando sabemos que a extradição é inclusive, e principalmente, um veículo de cooperação jurídico-penal, merecedor de um capítulo próprio dentro do regramento da cooperação jurídica internacional.

A Lei n. 6815/1980 exige que o fato que motivar o pedido seja crime no Brasil ou[55] no Estado requerente (art. 77, inciso II). Exige, igualmente, pena de prisão superior a 1 ano. Nesse caso, por exigir pena superior a 1 ano, a Lei n. 6815/80 contraria textos de tratados assinados pelo Brasil, que lhe são posteriores, e que aceitam a extradição para penas, inclusive, de 1 ano.[56]

No dispositivo que trata sobre a dupla tipicidade (art. 77, inciso II), a Lei n. 6815/1980 expressamente refere-se a "crime" no Brasil, podendo-se entender que as contravenções estão excluídas do alcance da extradição por força da legislação interna.

Quanto aos elementos da dupla incriminação *em concreto,* a Lei n. 6815/1980, refere-se aos seguintes impedimentos à extradição: a) o extraditando estiver respondendo a processo ou já houver sido condenado ou absolvido no Brasil pelo mesmo fato em que se fundar o pedido (inciso V); b) prescrição, segundo a lei brasileira ou a do Estado requerente (inciso VI); c) o fato constituir crime político, exceto se constituir principalmente infração da lei comum, ou quando o crime comum, conexo ao delito político, constituir o fato principal (inciso VII c/c §1º).

---

54 Dos 21 Tratados de Extradição assinados pelo Brasil, 10 deles foram celebrados antes da Constituição Federal de 1988 (assim, com os Estados Unidos da América, Bélgica, Colômbia, Venezuela, Bolívia, Lituânia, México, Chile, Paraguai e Uruguai), apenas 6 foram assinados nesta década (com a República Dominicana, Ucrânia, Peru, Romênia, Rússia e França). Já está em vigor o Tratado de Extradição entre os países do MERCOSUL, promulgado através do Decreto n. 4.975, de 30 de janeiro de 2004. Todos eles trazem a cláusula da dupla incriminação em seus textos. MINISTÉRIO DA JUSTIÇA. Medidas Compulsórias. *Extradição. Cooperação internacional.* Disponível em: <http://portal.mj.gov.br/data/Pages/MJ0428DBCEITEMID6D340A2DB21B44BD8F3157EF320A7185PTBRNN.htm>. Acesso em: jun. 2012.

55 Reforçamos a ideia que a expressão "ou a do Estado requerente", prevista nessas legislações, deve ser compreendida como "e", conforme foi decidido na mencionada Extradição n. 142, Ministro Filadelfo de Azevedo, no tocante ao Decreto-Lei n.941/1969. MACIEL, Anor Bultler. op. cit., p. 57.

56 A exemplo dos Tratados assinados com os Governos da Austrália, Reino Unido e Peru. Caso ocorra contradição entre os termos de um tratado vigente no Brasil e a Lei n. 6815,/1980, firmou o STF o entendimento que prevalece o tratado específico de extradição. HC n. 58.727, DJ de 03/04/1981, PPE-QO 194, DJ 04/04/1997 e Ext. 1103.

O sistema de contenciosidade limitada ou juízo de delibação foi consagrado pela Lei n. 6815/1980, quando no seu artigo 85, §1º previu hipóteses de defesa limitadas ao extraditando, estabelecendo *que a defesa versará sobre a identidade da pessoa reclamada, defeito de forma dos documentos apresentados ou ilegalidade da extradição."*

Relativamente ao projeto de lei 5655/2009, sobre a nova Lei do Estrangeiro, este regula a extradição passiva separadamente da extradição ativa.

Da mesma forma que a atual lei, prevê que não será concedida a extradição *quando o fato que motivar o pedido não for considerado crime no Brasil ou no Estado requerente.*

O projeto inova ao dispor que não será exigida a correspondência do crime na lei brasileira (art. 123, II). Não é claro o suficiente, por sua vez, se a correspondência é apenas de terminologia do delito (*nomen iuris)* ou se alcança os seus elementos constitutivos. Nada especifica com relação a esses elementos.

Exige o projeto, ainda, para a concessão da extradição que a lei brasileira deve impor ao crime a pena privativa de liberdade igual ou inferior a dois anos ou, em caso de extradição para execução, a duração da pena ainda por cumprir seja inferior a um ano. Nesse sentido, vai na contramão de muitos tratados vigentes que exigem apenas pena igual ou superior a 1 ano. Por outro lado, ao dispor expressamente sobre a natureza legal da pena (pena privativa de liberdade) é expresso em afastar a extradição para os casos de contravenção penal.

O projeto prevê o *bis in idem* - não se referindo à litispendência (artigo 123, inciso V), também menciona a prescrição, segundo a lei brasileira ou a do Estado requerente (inciso VI), crime político ou de opinião (inciso VII), e, traz a cláusula da ordem pública, ampliando sobremaneira, o campo cognitivo do juízo brasileiro, dispondo, novamente, de forma contrária ao tratados de extradição então vigentes que, a respeito de extradição, não incluem a cláusula da ordem pública.

Podemos ver, assim, que a dupla incriminação, também no espectro da lei interna, é uma realidade para a extradição no direito brasileiro.

TÍTULO II

A PROTEÇÃO DOS DIREITOS FUNDAMENTAIS NA EXTRADIÇÃO PASSIVA E A DUPLA INCRIMINAÇÃO

1. A INTERDEPENDÊNCIA E A INDIVISIBILIDADE DOS DIREITOS FUNDAMENTAIS. A PROTEÇÃO DO EXTRADITANDO E A PROTEÇÃO À VITIMA DOS DELITOS COMETIDOS EM SOLO ESTRANGEIRO

Antes de analisarmos o posicionamento do Supremo Tribunal Federal no assunto, precisamos ter em mente que na relação extradicional existe uma pluralidade de interesses envolvidos. Por um lado, os interesses do extraditando, enquanto acusado ou réu em ação penal em curso ou finda no Estado requerente, por outro, os interesses da vítima ou vítimas dos delitos cometidos, em tese, pelo extraditando, e por fim, o ânimo persecutório do Estado requerente, que tem o dever de aplicar a Justiça e promover a segurança pública em seu território.

Essa pluralidade de interesses nos conduz a dizer que existe um feixe de direitos fundamentais na relação extradicional, entre os quais não existe hierarquia ou grau de relevância de pronto. Tal feixe de direitos fundamentais não pode ser desprezado pelo julgador do pedido de extradição, sob pena de proteger apenas alguns dos direitos reconhecidos.

Isso implica o reconhecimento do caráter indivisível e interdependente dos direitos humanos.

Explica André de Carvalho Ramos que *a indivisibilidade dos direitos humanos consiste no reconhecimento de que todos os direitos humanos devem ter a mesma proteção jurídica, uma vez que são essenciais para uma vida digna.*[1] Por isso, acrescenta que a classificação entre direitos civis e políticos, de um lado, e direitos econômicos, sociais e culturais, de outro, perde o sentido nos dias atuais. Em outras palavras, o direito do extraditando à liberdade intercomunica-se com o direito da vitima à proteção social por

---

[1] CARVALHO RAMOS, André de. *Teoria geral dos direitos humanos na ordem internacional.* São Paulo: Saraiva, 2012. p. 163.

parte dos Estados, requerente e requerido, não possuindo aquele maior dimensão objetiva que este, não cabendo ao Estado, portanto, maior atenção na implementação dos direitos do extraditando em detrimento dos direitos da vitima.

Tais direitos são também interdependentes, isto é, possuem mútua dependência, pois o conteúdo de um pode vir a se vincular ao conteúdo de outro, demonstrando a interação e a complementariedade entre eles.[2]Assim, a relação extradicional deve servir, a um só tempo, à promoção da cooperação entre os povos, atentando-se ao respeito aos interesses do Estado estrangeiro, e, de forma equilibrada, à proteção dos direitos fundamentais da vítima e do extraditando.

Em seus julgados, o Supremo Tribunal Federal formalmente reconhece a indivisibilidade e a interdependência dos direitos fundamentais, pois tanto alude ao aspecto subjetivo da relação extradicional, no tocante ao direito do extraditando a um controle de legalidade por parte do Estado requerido, quanto ao princípio da cooperação entre os povos, lembrando que a extradição possui o objetivo de promover ambas as facetas.[3]

Para sabermos, no entanto, se nossa Corte Suprema promove de forma equilibrada esse duplo objetivo, faz-se necessário analisar o posicionamento que prepondera em seus julgados.

Comecemos com a análise do que a Corte entende por dupla incriminação e do controle de legalidade exercido que, segundo entendimento do Supremo Tribunal Federal, serve à proteção do extraditando.

2. O ENTENDIMENTO DO SUPREMO TRIBUNAL FEDERAL. ANÁLISE DA DUPLA INCRIMINAÇÃO, EM ABSTRATO OU EM CONCRETO? O SISTEMA DE CONTENCIOSIDADE LIMITADA

Vimos que a dupla incriminação *em abstrato* requer que o fato imputado seja duplamente típico perante a legislação de ambos os Estados. O que significa dizer que a autoridade competente no Estado requerido, no caso do Brasil, o Supremo Tribunal Federal, deverá analisar, na ação de extradição passiva, se a tipicidade[4] do fato, perante ambas as legislações, encontra-se presente.

---

[2] Id. Ibid., p. 165.

[3] O processo extradicional é um processo de cooperação, mas também uma garantia indisponível em favor do próprio extraditando (Ext. 751 e 909).

[4] A doutrina penal diferencia tipicidade formal do fato da tipicidade material. Tipicidade formal é o juízo de subsunção do fato à norma penal primária, ao passo que tipicidade material é a potencial lesividade da conduta ao bem jurídico protegido. É onde entra o princípio da insignificância. Neste caso,

Vimos, também, que a dupla incriminação *em concreto* representa o exame dos demais elementos formadores do crime, que dizem respeito à antijuridicidade da ação (ou de suas excludentes), à culpabilidade (e eventuais causas de exculpacão ou exclusão), bem como, às causas extintivas da punibilidade do fato e os pressupostos processuais da litispendência e *bis in idem*.

Por fim, observamos que a dupla incriminação *em abstrato* tem sido adotada preferencialmente pelos Estados, em razão da complexidade do exame da dupla incriminação *em concreto*, altamente discutível e de difícil consenso entre os países, em virtude dos diferentes ordenamentos jurídicos e das diversas visões nacionais sobre o conceito de crime. Devido à relatividade dos sistemas nacionais, a dupla incriminação *em concreto* costuma vir representada em cláusulas de recusa ou proibição da extradição, mais ou menos abrangentes, estando vinculadas à vontade dos Estados partes no tratado de extradição.

Trazemos à baila, a partir de agora, o posicionamento do Supremo Tribunal Federal no tocante à dupla incriminação e os principais aspectos abordados na jurisprudência da Corte sobre a matéria.

De imediato, cabe-nos definir o sentido empregado pela Corte quando refere-se à dupla incriminação.

A jurisprudência do Supremo Tribunal Federal indica que a Corte adota o sentido *em abstrato* da dupla incriminação.

Assim, quando debruça-se sobre a análise do pedido estrangeiro, no tópico referente à dupla incriminação, a Corte realiza o *exame da tipicidad*e do fato, isto é, um juízo de adequação-formal do fato à norma penal brasileira.

Os termos "dupla tipicidade" e "dupla incriminação" são, inclusive, utilizados indistintamente nos julgados do Supremo, embora exista uma certa preferência pela expressão "dupla tipicidade", mais utilizada.

Consequentemente, sempre que analisa um pedido estrangeiro de extradição, o Supremo Tribunal Federal não leva em conta as circunstâncias concretas do fato ou os elementos de prova que possam, por exemplo, excluir a ilicitude do fato ou a culpabilidade do agente, como ter agido o extraditando em legitima defesa ou estado de necessidade, ou ser inimputável em face de desenvolvimento mental incompleto[5], ou seja, tudo quanto possa caracterizar o exame *em concreto* da dupla incriminação.

---

a tipicidade material está prevista, de certa maneira na exigência de pena mínima nos tratados quando referem-se à dupla incriminação.

[5] Ext. 553-7/Alemanha. Ementa: "Dúvida fundada sobre a sanidade mental da Extraditanda não constitui motivo do indeferimento do pedido, nem da conversão do julgamento em diligência, tampouco

O sentido do termo dupla incriminação restringe-se ao sentido que entendemos por tipicidade, de subsunção do fato à norma penal, de ser o fato crime ou não perante a legislação brasileira, no seu escopo meramente *abstrato,* daí ser utilizado em sinonímia à expressão "dupla tipicidade".

O Supremo Tribunal Federal só realiza o que seria o exame *em concreto* da dupla incriminação com relação àquelas causas impeditivas da extradição expressamente previstas na legislação interna ou nos tratados de extradição, como a prescrição ou a anistia, e as demais mencionadas no capítulo anterior. Ainda assim, nestes casos, a Corte não se refere à "dupla incriminação", restringindo-se ao que costuma dizer "dupla punibilidade", para o caso de prescrição, anistia ou perdão.[6]

Por isso, a jurisprudência do Supremo consolidou dizer, também para o exame da dupla incriminação, que o sistema brasileiro de extradição rege-se pelo chamado *"sistema de contenciosidade ou controle limitado"*, previsto no §1° do artigo 85 da Lei n. 6815/80.[7] Isto é, a verificação da existência da dupla incriminação ou dupla tipicidade não legitima a análise das provas e dos demais elementos instrutórios produzidos na causa penal que deu origem à extradição passiva e nem justifica a partir de um exame crítico da sentença a sua revisão.[8]

Com base no *sistema de contenciosidade limitada,* igualmente chamado de juízo de delibação, não são analisados os eventuais vícios de citação no processo de origem, nulidades da instrução ou da sentença ou outros vícios processuais, questões de distribuição interna de competência dos tribunais do Estado requerente, enfim tudo quanto exceder o permitido por lei ou por tratado à defesa do extraditando.[9]

---

da instauração de incidente, com vistas à declaração de inimputabilidade." Unânime. Julgamento em 24/06/1992. Extrai-se do voto do Min. Sepúlveda Pertence: *"Indeferir a extradição, pela dúvida quanto à imputabilidade, levaria, como mostrou o eminente Relator, a nos obrigarmos a julgar do fato, da inimputabilidade e extrair dela a conseqüência quase penal da medida de segurança.*" No mesmo sentido, embora não unânime: Ext. 932.

[6] Elenca o artigo 119 do Código Penal como causas extintivas da punibilidade a prescrição, anistia e o perdão judicial.

[7] Na Extradição 396, a Corte entendeu que a limitação prevista no §1° do artigo 85 da Lei n. 6815/80 não ofende o preceito constitucional da ampla defesa.

[8] Ext. 545-6/Portugal. No mesmo sentido: Ext. 524-3; 617, 669 e 917.

[9] Conforme §1° do artigo 85, a defesa do extraditando só poderá versar sobre a identidade da pessoa reclamada, defeito de forma dos documentos apresentados ou ilegalidade da extradição. Ver Ext. 783-1/USA; Ext. 804/Alemanha; Ext. 1082/Uruguai; Ext. 1143-0/República da Coréia e Ext. 1159/Portugal. Assim, "a justiça ou injustiça, a procedência ou improcedência da acusação escapam ao exame do tribunal" (Ext. 1082/Uruguai). A alegação de inconstitucionalidade do §1° do artigo 85 da Lei n. 6815/80 frente ao princípio da ampla defesa tem sido repelida pelo Supremo Tribunal Federal: Ext. 1039 e 1074/Alemanha.

As circunstâncias fáticas do delito objeto da extradição só são analisadas pelo Supremo Tribunal Federal para o fim exclusivo de aferir: se o fato descrito no pedido estrangeiro é crime no Brasil; prescrição ou outras causas extintivas da punibilidade previstas nos tratados; gravidade do delito, penas mínimas aplicadas em consonância com o que diz a Lei n. 6815/80 e os tratados vigentes; competência do Estado requerente, no sentido de possuir jurisdição sobre o fato; princípio da especialidade[10] e natureza do delito, se crime político, por exemplo.[11] Muitas delas, podemos ver, guardam relação com o sentido *em concreto* da dupla incriminação, como a prescrição e outras causas extintivas da punibilidade do fato e a natureza do delito.

No exame da dupla tipicidade do pedido extradicional, algumas condições são exigidas pela Corte.

É necessário que o pedido estrangeiro contenha uma descrição precisa dos fatos, para a verificação do requisito da dupla incriminação. A descrição insuficiente das circunstâncias fáticas é causa de indeferimento da extradição.[12]

Ademais, o pedido de extradição não pode ser deferido com base em imputação de delito, cuja apuração, em inquérito, se encontra em fase inicial de investigações e, portanto, ainda carente de indicações precisas sobre o fato supostamente criminoso.[13] A Corte, no entanto, não inibe a extradição para fins de instrução de investigação criminal, não reclamando, para o deferimento da extradição, que contra o extraditando haja processo judicial em curso. [14]

Não se exige, ainda, que o Estado requerente demonstre cabalmente a materialidade do fato, isto é, apresente a prova material de que este ocorreu, ou mesmo prova inequívoca de sua autoria, basta ao êxito do pedido que, contra o extraditando, haja acusação de fato típico, deduzida por autoridade competente.[15] A única exceção a essa assertiva decorre do texto constitucional, em face do que prevê o inciso LI do artigo 5º da Constituição Federal *"nenhum brasileiro será extraditado, salvo o naturalizado, em caso de crime comum, praticado antes da naturalização, ou* ***de comprovado envolvimento*** *em tráfico ilícito de entorpecentes e drogas afins, na forma da lei."*

---

[10] A especialidade costuma estar prevista nos tratados de extradição, significando que o extraditando não poderá ser julgado por fato cometido anteriormente ao pedido de extradição, se tal fato não foi objeto da solicitação estrangeira, exceto se o Estado requerente concordar com um pedido de extensão à extradição originariamente solicitada.

[11] Ext. 524-3/Paraguai.

[12] Ext. 633-9/República Popular da China e 931/Portugal.

[13] Ext. 931-1/Portugal.

[14] Ext. 1082/Uruguai.

[15] Ext. 475; 811; 866 e 972.

Assim, para os casos de brasileiro naturalizado que comete o crime de tráfico de entorpecentes ou drogas afins, antes ou depois da naturalização, o Supremo Tribunal Federal tem exigido o "comprovado envolvimento no crime".[16]

A Corte é unânime em acentuar que, no exame da dupla tipicidade, pouco importa o *nomen iuris* atribuído ao fato delituoso ou a diferença de nomenclatura prevista nas normas penais de ambos os Estados, bastando que as condutas imputadas sejam tratadas como crimes, por um e outro.[17] Neste particular, podemos ver que o Supremo Tribunal Federal não se aparta do entendimento internacional adotado no Modelo de Extradição da ONU.

Quanto ao exame dos elementos constitutivos do delito objeto do pedido de extradição, a tendência do Supremo Tribunal Federal é analisar detidamente cada um dos elementos constitutivos daquele que seria o crime correspondente na legislação brasileira, conforme veremos a seguir.

3. A PROTEÇÃO DOS DIREITOS DO ACUSADO. O CONTROLE DE LEGALIDADE

De acordo com o entendimento do Supremo Tribunal Federal a concordância do extraditando com o deferimento do pedido extradicional constitui manifestação de vontade juridicamente irrelevante, uma vez que cabe à Corte, em nome do princípio constitucional do *due process of law* efetuar rígido controle de legalidade sobre a postulação formulada pelo Estado requerente.[18]

Entende o Supremo Tribunal Federal que o extraditando é sujeito de direitos fundamentais na ação de extradição. A interpretação decorre da necessidade de prevalecer a dignidade da pessoa humana em face da desigualdade material do indivíduo frente ao Estado requerente. Não estaria o indivíduo, assim, apto a dispor de seus direitos ou garantias fundamentais, cabendo ao Estado requerido zelar pela legalidade do pedido de extradição.

Portanto, o *controle de legalidade* diz respeito à proteção dos direitos fundamentais do acusado, previstos no texto constitucional, na lei interna e nos tratados.

---

16 Ext. 541/Itália, 690 e 934/Uruguai, valendo transcrever trecho do voto condutor do acórdão na Ext. 690: *"sendo brasileiro naturalizado deste 1985 e, pois, antes dos fatos em referência, consoante a orientação adotada pelo Plenário, na Extradição 541, não é possível, desde logo, na linha daquele entendimento jurisprudencial, ter como comprovado 'o envolvimento no crime' do extraditando. Nada impedirá que, de futuro, eis que por esses fatos não está sendo processado no Brasil, haja renovação do pedido de extradição, com base em sentença definitiva da Justiça italiana, se apurado e comprovado seu efetivo envolvimento no referido tráfico de entorpecentes, a ser, então, de novo, apreciado por esta Corte, nos limites supra indicados."*

17 Ext. 480-8/França; 545-6/Portugal; 853-6/Paraguai.

18 Ext. 605-2/Estados Unidos da América.

Significativo exemplo de proteção conferida à luz do texto constitucional é a Extradição n. 855, do chileno Maurício Fernandez Norambuena. Na ocasião, o Supremo Tribunal Federal ressuscitou o entendimento que prevaleceu nas décadas de 60 e 70 sobre a comutação da pena de prisão perpétua em pena de prisão de até 30 anos. O posicionamento funda-se na proibição constitucional à pena de prisão perpétua, a despeito da Lei n. 6815/80 excepcionar apenas a pena de morte.[19] Tal entendimento está hoje consolidado na jurisprudência do Supremo.[20]

Via de regra, no entanto, o controle de legalidade exercido pelo Supremo Tribunal Federal fica adstrito às condições previstas nos tratados e na Lei n 6.815/80, o que mais uma vez, faz-nos afirmar que o Brasil adota o sistema de contenciosidade limitada ou juízo de delibação, previsto no §1º do art. 85, da Lei 6815/80, já referido.

Como já dissemos acima, o Supremo Tribunal Federal entende que não lhe compete um juízo revisional ou exauriente dos fatos ilícitos que fundamentam o pedido de extradição, e que porventura possam atentar contra as garantias constitucionais previstas no texto constitucional brasileiro, isso posto sob pena de ofensa à soberania estrangeira. [21]

Assim, no tocante ao exame da legalidade do pedido podemos dizer que o Supremo Tribunal Federal analisa: (i) os requisitos formais do pedido, como estar instruído com cópia da legislação estrangeira, ser subscrito por autoridade competente e enviado de acordo com as formalidades legais, (ii) a dupla incriminação ou dupla tipicidade, prescrição ou outras causas extintivas da punibilidade previstas nos tratados; (iii) gravidade do delito e penas mínimas aplicadas em consonância com o que diz a Lei n. 6815/80 e os tratados vigentes; (iv) competência do Estado requerente, no sentido de possuir jurisdição sobre o fato; (v) princípio da especialidade; (vi) natureza do delito, se crime político, por exemplo; (vii) existência de um juízo de

---

19 Desde a Constituição de 1934, o Estado brasileiro proíbe a pena de prisão perpétua.

20 Devendo ser registrada a divergência de posicionamento dos Ministros Francisco Rezek, Carlos Velloso e Nelson Jobim. Nas palavra de Carlos Velloso: *"(...) acompanho o voto do eminente ministro-relator. Excluo, entretanto, a ressalva, fiel à jurisprudência do Supremo Tribunal Federal, estabelecida há longa data. O Estado estrangeiro tem a sua ordem jurídica. Nela se inclui a legislação penal, que estabelece tipicidades e penas. Penso que o fato de o extraditando ter passado pelo Brasil, ter aqui se escondido, não deve levar o Tribunal brasileiro, só por isso, a estabelecer restrições oponíveis à ordem jurídica do país requerente. Limito-me, Sr. Presidente, à ressalva posta na lei, vale dizer quanto à pena de morte. No mais, repito, fiel à jurisprudência do Supremo Tribunal Federal."* E de Francisco Rezek *"pergunto-me se não seriamos então levados, pela lógica, a indeferir, um dia, a extradição, se verificássemos que no processo de que o extraditando resultou condenado houve prova resultante de quebra de sigilo de correspondência,, ou porque no Estado requerente não se garante uma instrução criminal contraditória; ou porque lá não se prevê a instituição do júri para crimes dolosos contra a vida"*

21 Ext. 987/Itália.

exceção no Estado requerente[22], e demais cláusulas impeditivas da extradição e outras garantias fundamentais previstas nos textos dos tratados.

Em decorrência do controle de legalidade as ações de extradição passiva podem ser deferidas, deferidas em parte, indeferidas ou deferidas com ressalvas. Tais hipóteses serão tratadas a seguir trazendo-se à lume algumas decisões do Supremo Tribunal Federal, para compreensão de seu posicionamento no tocante à abrangência do exame que profere no tocante à dupla incriminação.

3.1 O controle de legalidade e os principais fundamentos pelo indeferimento da extradição com base na dupla incriminação

O indeferimento ou deferimento parcial do pedido estrangeiro ocorre quando incide alguma das hipóteses previstas no artigo 77 da Lei nº. 6.815/1980 ou das causas impeditivas para a extradição, previstas nos tratados.

Os principais fundamentos do não cabimento da dupla tipicidade que levam ao indeferimento ou deferimento parcial do pedido estrangeiro são: falta de lesividade na conduta; descrição imprecisa do fato; falta de elemento formal do tipo; falta de previsão do crime objeto da extradição no tratado sem a respectiva promessa de reciprocidade; consunção/absorção penal; contravenção penal; falta de correspondente penal na legislação brasileira.

Dentre os fundamentos mais evocados no indeferimento ou deferimento parcial dos pedidos estrangeiros está à ausência de tipo penal correspondente na legislação brasileira[23], a exemplo dos crimes de *abuso de cartões-cheque e cartão de crédito*[24], *viagem interestadual em prol de atividades ilícitas premeditadas*[25], *estupro de terceiro grau*[26], *corrupção privada*[27] e *conspiração com menos de 4 pessoas.*[28]

O entendimento do Supremo Tribunal Federal sobre o crime de *conspiracy* americano é um importante exemplo do controle que a Corte exerce sobre o pedido estrangeiro.

O crime de conspiração nos Estados Unidos da América, à semelhança do delito previsto no artigo 288 do Código Penal brasileiro, contempla a

---

22 Dos 27 tratados bilaterais de extradição ratificados pelo Brasil, 26 deles prevêem a proibição do juízo de exceção.

23 Ext 633, Ext 874, Ext. 1135 e Ext 1145.

24 Ext. 879.

25 Ext. 539 e Ext. 816.

26 Ext. 511

27 Ext. 906.

28 Ext. 830-7 e 1249.

hipótese de associação de pessoas para a prática de crimes. Ao contrário, outrossim, do crime de associação criminosa, que exige a associação de pelo menos 3 pessoas (artigo 288, do Código Penal brasileiro), o Código dos Estados Unidos (U.S.C, Titulo 18, Seção 371) restringe a hipótese à associação de 2 pessoas ou mais. Em face dessa dissociação entre as legislações, brasileira e a estrangeira, o Supremo Tribunal Federal tem negado os pedidos de extradição provenientes daquele país, cuja descrição fática aborda a associação delitiva de menos de 3 pessoas, por ausência de correspondência legal com o tipo brasileiro.[29]

O Supremo Tribunal Federal, na análise do pedido estrangeiro, observa, ainda, o momento do cometimento do crime e a irretroatividade da lei penal. Assim, na Extradição n. 738, julgada alguns meses após o surgimento da Lei n. 9613/98, o pedido italiano foi indeferido com relação ao crime de lavagem de dinheiro praticado em momento anterior ao de sua tipificação no sistema penal brasileiro.

Em relação ao fato do crime no país de origem receber o tratamento de contravenção penal no Brasil, o Supremo Tribunal Federal entende que as contravenções não são passíveis de extradição, conferindo interpretação literal à palavra "crime" prevista na Lei n. 6815/80.

É de se ver que até a edição da Lei n. 9.437/1997, a qual transformou a natureza do porte ilegal de armas de contravenção para crime, as extradições propostas pelo Governo da Itália relacionadas à apreensão de armas de fogo pelas autoridades italianas durante as décadas de 80 e 90, eram todas indeferidas.[30]

---

[29] Antes da Lei n. 12850/2013, o crime de quadrilha ou bando exigia a associação de pelo menos 4 pessoas. Atualmente, o tipo penal do art. 288, do Código Penal menciona a associação de 3 ou mais pessoas. Na Ext. 830, anterior à Lei n. 12.850/2013, os Estados Unidos da América requereram a extradição de nacional norte-americano que, em associação com outras pessoas, utilizou-se de meios fraudulentos para inflar e manter artificialmente o valor de sua empresa, com o fim de obter lucro proveniente da venda de suas ações. Dentre outros crimes, pesava contra o extraditando a acusação de conspiração (U.S.C Titulo 18, Seção 371). A extradição foi parcialmente deferida, pois entendeu a Corte que a imputação pelo crime de conspiração não possuía correspondência com o crime de quadrilha, previsto no então artigo 288, do Código Penal brasileiro, por não ter havido a participação de mais de três pessoas no caso. Na Extradição 761, também estava em discussão o delito de conspiração norte-americano. Além desse, constava do pedido estrangeiro, a extradição pelos crimes de fraude, transações financeiras ilegais e transporte de valores ilicitamente obtidos. A extradição foi indeferida quanto aos crimes de conspiração, devido ao envolvimento de apenas 3 pessoas, e quanto aos crimes de transporte de valores ilicitamente obtidos, pois, no Brasil, tal fato é considerado transporte do próprio proveito do crime de estelionato (fraude), não sendo crime autônomo.

[30] Dominava o seguinte entendimento: *Pela simples circunstância de os delitos em causa serem considerados como contravenção penal, não poderá a extradição ser concedida, uma vez que incide, no caso, o disposto no inciso II do art. 77 da Lei nº. 6.815/1980, que veda a extradição quando o fato que motivar o pedido não for tido no Brasil como crime, expressão que, tecnicamente (e a citada Lei, no tocante à extradição, só se utiliza dela), não se aplica às contravenções penais, que são delitos de menor gravidade* (Ext. 473). Muito embora aquele país estivesse vivenciando, naquele

Além da previsão de crime correspondente na legislação brasileira, o crime previsto no pedido deve estar no rol de crimes passíveis de extradição, nos termos do tratado de extradição firmado entre o Estado requerente e o Brasil. A extradição é indeferida na ausência de previsão do crime no tratado de extradição, exceto se o Estado requerente apresenta promessa de reciprocidade.[31]

A falta de descrição precisa dos fatos é outra causa de indeferimento da extradição por ausência de dupla tipicidade.[32]

O Tribunal aplica, ainda, o entendimento jurisprudencial brasileiro sobre a absorção de determinadas condutas criminosas na prática de outras, também delitivas, sempre que forem meio necessário para sua preparação ou execução, e, por consequência, deferem o pedido de extradição apenas em relação àquelas condutas criminosas que não foram "absorvidas".

O tema está relacionado à aplicação do princípio penal da consunção ou absorção.

Pelo princípio da consunção ou da absorção, o fato definido pela norma incriminadora é meio necessário ou normal fase de preparação ou execução

---

período, o momento mais violento da máfia italiana, *"Los años ochenta se caracterizan por la mayor complejización de la mafia, tanto en sus relaciones internas, como externas y su proceso de internacionalización del mercado ilicito. Ya no es una mafia que sólo se dedica al mercado ilícito, sino que se infiltra en el mercado legal con sus propias empresas, interviniendo en áreas no tradicionales, también es la etapa de mayor virulencia en su manifestación, llegando a realizar atentados de gran calado contra aquellos jueces y magistrados que le plantaron cara y lucharon contra ella. Es el momento en que aprueban las Leyes anti-mafia de naturaleza restrictiva, de tipo de emergencia (Ley Rognoni-La Torre núm., 642/1982) marcando un giro en la estrategia contra la mafia, de efectiva 'lucha' contra ese flagelo. En los años noventa el proceso de globalización, sin duda, le da a la mafia y a las demas organizaciones criminales italianas las oportunidades para consolidar dicho proceso de expansión, monopolización, estructuración, internacionalización, infiltración en el mercado legal a través de empresas propias o la corrupción privada, contubernio con el poder politico a través de la corrupción y el clientelismo, que ha ido desarrollando anteriormente, tanto por las estructuras economico-politicas que favorecen dicho proceso, como por los medios técnicos que facilitan la intercomunicación entre las organizaciones y demás sujetos."* ZÚÑIGA RODRIGUEZ, Laura. *Criminalidad organizada y sistema de derecho penal*: contribución a la determinación del injusto penal de organización criminal. Granada: Editorial Comares, 2009. p. 90-91.

31 Conforme Ext. 1076: "É taxativo o rol previsto no Artigo II do Tratado de Extradição firmado entre Estados Unidos da América e Brasil. Crimes não contemplados no Tratado bilateral firmado entre Estados Unidos da América e Brasil podem embasar pedido extradicional, desde que o Estado requerente expressamente efetue a promessa de reciprocidade. Ausência de promessa de reciprocidade por parte do estado requerente, que inviabiliza a concessão do pedido." A Extradição 1.103 é um interessante exemplo sobre a necessidade de previsão do crime em tratado de extradição firmado pelos dois países. Em discussão estava a possibilidade de extradição pelo crime de lavagem de dinheiro, ausente no rol taxativo do Tratado de Extradição celebrado entre o Brasil e os Estados Unidos da América. Neste julgamento, decidiu-se que esse crime foi inserido automaticamente no Tratado, por fazer parte da lista de delitos da Convenção da Organização das Nações Unidas contra a Corrupção (Convenção de Palermo), da qual o Brasil e os Estados Unidos são signatários.

32 A cláusula de tipificação penal, cujo conteúdo descritivo se revela precário e insuficiente, não permite que se observe o princípio da dupla incriminação, inviabilizando, em conseqüência, o acolhimento do pedido extradicional. (Ext. 633)

de outro crime, bem como, constitui conduta anterior ou posterior ao agente, cometida com a mesma finalidade prática atinente àquele crime. Nesses casos, a norma incriminadora que descreve o meio necessário, a normal fase de preparação ou execução de outro crime, ou a conduta anterior ou posterior, é excluída pela norma a este relativa. *Lex consumens derogat legi consumptae.*[33]

Um exemplo é elucidativo. Na Extradição n. 1.183/Alemanha, decidiu-se que o crime de uso de identidade falsa (art. 307, do Código Penal brasileiro) foi absorvido pelo delito mais grave de uso de documento falso (art. 305, do Código Penal brasileiro). No caso, o extraditando, utilizando-se de um passaporte diplomático falso da Libéria, apresentou-se como membro do corpo diplomático da Libéria às autoridades rodoviárias alemãs.[34] A extradição foi deferida apenas com relação ao crime de uso de documento falso (passaporte diplomático falso) e aos demais crimes constantes do pedido, e indeferida com relação ao uso de identidade falsa (como membro do corpo diplomático da Libéria), por força do princípio da consunção.

Outro exemplo é a Extradição n. 1.058, cujo julgamento absorveu o crime de sequestro pelo crime de roubo qualificado, em face do que prevê o tipo de roubo previsto no art. 157, inciso V do §2º do Código Penal brasileiro: "*se o agente mantém a vitima em seu poder, restringindo a sua liberdade.*"[35], prevalecendo o entendimento jurisprudencial brasileiro de que a qualificadora do crime de roubo absorve o crime de privação de liberdade com base, igualmente, na aplicação do princípio da consunção.

No tocante ao aspecto da ausência de elemento formal do tipo, interessante citar o julgamento da Extradição n. 1119/República Tcheca. Nela adotou-se o entendimento de que a revelia em processo cível de obrigação alimentícia impedia a caracterização do correspondente crime de abandono material (art. 244 do Código Penal brasileiro), pela ausência do elemento "justa causa" previsto na figura delitiva do código pátrio. Tratava-se de cidadão tcheco cuja extradição fora solicitada para cumprimento de sentença condenatória de alimentos em face de seus filhos menores, além dos crimes de malversação e furto. Reconheceu-se a prescrição dos crimes principais, de malversação e furto, e indeferiu-se o pedido de extensão da extradição, para o crime de abandono material, pela ausência do elemento formal do tipo "justa causa". Entendeu-se que o extraditando, por não ter sido citado corretamente na ação cível de alimentos não conheceria de sua obrigação e,

---

[33] JESUS, Damásio E. de. op. cit., v. 1, p. 155. O exemplo mais característico é o do crime de furto em casa habitada que absorve o crime de violação de domicílio.

[34] Ext 1.183.

[35] Ext 1.058.

consequentemente, não teria desenvolvido o propósito de *deixar, sem justa causa, de prover a subsistência de filho menor,* tal como previsto no tipo penal brasileiro.

Outra grande causa invocada no indeferimento do pedido estrangeiro é relativa ao crime com pena de prisão inferior a um ano ou ato infracional[36], aspecto que se viu, vem vinculado à condição da dupla incriminação, seja nos tratados, seja na lei, referindo-se à lesividade da conduta.

São também causas de indeferimento do pedido extradicional, relacionadas à dupla incriminação *em concreto:* configuração de crime político[37]; litispendência (estar o extraditando respondendo criminalmente pelos mesmos fatos no Brasil[38]), e prescrição[39].

3.2 *A primeira conclusão: o controle de legalidade e a ampliação do conceito de dupla incriminação em abstrato. O exame detido dos elementos constitutivos do crime pelo STF*

É possível concluir dos julgados acima citados que, na aferição do controle de legalidade, a Corte realiza um exame detido dos elementos constitutivos dos crimes que fundamentam a extradição.

Vale a pena trazer a lume mais um julgado, cuja citação aos fatos é necessária para a compreensão da assertiva.

Na Extradição n. 1.200, o Supremo Tribunal Federal deferiu parcialmente o pedido do Governo português, afastando os crimes de falsificação de documento, entendendo que tinham sido absorvidos pelos crimes de uso de documento falso, bem como, o crime de abuso de cartão de crédito, pois não teria correspondência típica na legislação brasileira.

Tratava-se de nacional português que falsificou e usou documento de identidade em nome de um terceiro; falsificou e usou assento de nascimento em nome de outro terceiro; falsificou a assinatura deste último junto à instituição financeira para obter cartões de crédito e empréstimo bancário em seu nome. Estava sendo acusado, assim, perante o 1º Juízo do Tribunal Judicial de Portalegre, pela prática de dois crimes de falsificação e uso de documento

[36] Ext. 473, Ext. 633, Ext. 795, Ext. 1145, Ext. 874, Ext. 1076 e Ext. 1135. A Lei nº 6.815/80 impede a extradição quando o fato motivador do pedido não for tipificado como crime no Brasil. Considerada sua menoridade, as condutas imputadas ao extraditando são tidas como atos infracionais pela Lei n. 8.069/90 (Estatuto da Criança e do Adolescente). Ausente o requisito da dupla tipicidade prevista no art. 77, inc. II da Lei n. 6.815/80. (Ext. 1135).

[37] Ext. 493.

[38] Ext. 1063.

[39] Ext. 800, Ext., 1236 e Ext. 1206.

falso, em concurso real, previsto no artigo 256, n. 1, "a" e n, 3, do Código Penal português; um crime de falsificação, sob a forma continuada, previsto no artigo 256, n. 1, "a"; um crime de abuso de cartão de crédito sob forma continuada, previsto no artigo 225, n. 1, do Código Penal e um crime de burla qualificada sob a forma continuada previsto no artigo 217, n.1 e 218, n. 2, "a" e "b".

No voto condutor do julgado, a Ministra Ellen Gracie adotou o parecer ministerial que expôs sobre a absorção do falsificação dos documentos no crime de uso e salientou a falta de correspondência do crime de abuso de cartão de crédito.

A primeira questão levantada, da absorção dos crimes de falsificação de documento no delito de uso, diz respeito à utilização do chamado princípio da consunção, mencionado acima.

É imperioso reconhecermos, no entanto, que o entendimento relativo à absorção do crime de falso pelo delito de uso decorre de uma construção jurisprudencial brasileira. Como se trata de uma construção judicial e não normativa, o fato objeto do pedido estrangeiro não deixa de ser crime perante a legislação brasileira, mesmo que por entendimento judicial se quede absorvido por outro fato delituoso.

De fato, a exemplo dos casos citados acima, os delitos de falsificação de documento e uso de identidade falsa não foram abolidos do código penal pátrio. Em outras palavras, a condição da dupla incriminação, no seu sentido *abstrato,* deveria permanecer inalterada, pois *o fato é crime perante a legislação do Estado requerido.* Nada obstante, como se viu, entendeu o Supremo Tribunal Federal que a dupla tipicidade encontrava-se ausente no caso.

Pela segunda questão, da não correspondência do crime de abuso de cartão de crédito na legislação brasileira, o que podemos perceber é que o exame detido, crime por crime, pode deturpar a visão geral dos fatos.

De acordo com o pedido estrangeiro, os fatos demonstravam que o extraditando intentava obter fraudulentamente vantagem econômica em prejuízo de terceiros (instituição financeira e pessoa que teve a assinatura falsificada para a obtenção de cartão de crédito). Ora, a obtenção de vantagem indevida, mediante fraude, e em prejuízo de outrem, é crime no Brasil, tipificado pela figura do crime de estelionato (art. 171, do Código Penal brasileiro). O exame individualizado das condutas gerou a particularização dos fatos e, por conseqüência, a perda do sentido geral sobre eles, que poderiam levar ao entendimento de se tratar todo o contexto fático de estelionato.

Ademais, devemos ter presente que em se tratando da aplicação de um entendimento jurisprudencial tipicamente adotado para casos internos, o

Estado requerente passa a ficar sujeito à soberania das decisões brasileiras, bem como, às alterações na composição da Corte e, por conseqüência, à mudança do entendimento jurisprudencial. É de se ver, por exemplo, que se decidiu de forma diferente nas Extradições n. 736/Alemanha e n. 1143/Coréia. Nesta última, o Min. Joaquim Barbosa decidiu pela absorção dos crimes de falso e do uso no crime de estelionato, quando meio para a obtenção de vantagem indevida, mas nem por isso a extradição foi indeferida neste tocante.

Crucial dizer, ainda, que, no caso da Extradição n. 1200, os votos não fizeram nenhuma menção ao artigo II (1) do Tratado de Extradição com Portugal, cujo teor expressamente ressalva à extradição o exame dos elementos constitutivos do delito.[40]

Não houve tampouco menção à Res. 45/116, da Assembléia Geral da ONU.

Podemos ver, assim, que a dupla incriminação é interpretada pelo Supremo Tribunal Federal de forma mais ampla do que a doutrina especializada e as recomendações internacionais entendem pelo seu conceito *em abstrato.*

O Supremo Tribunal Federal não apenas analisa detidamente os elementos constitutivos do crime objeto da solicitação estrangeira, como em alguns momentos, a construção jurisprudencial chega mesmo a prevalecer à própria norma internacional, a exemplo da Extradição n. 1200.

3.3 *O exame detido dos elementos constitutivos do crime: o deferimento parcial do pedido ou o deferimento com ressalvas. O contraponto: o entendimento Rezek. A segundo conclusão: a quem o Estado brasileiro protege afinal?*

Via de regra o Estado requerente realiza múltipla acusação de delitos no pedido de extradição e, para cada um dos crimes imputados na solicitação estrangeira, o Supremo Tribunal Federal realiza o controle de legalidade.

Por isso, é muito comum o deferimento parcial do pedido ou o deferimento com ressalvas, mais que o próprio deferimento ou indeferimento do pedido. [41]

---

40 "3.a.) não releva que as leis das Partes Contratantes qualifique ou tipifiquem diferentemente os elementos constitutivos da infração ou utilizem a mesma ou diferente terminologia legal; b) todos os fatos imputados à pessoa cuja extradição é pedida serão considerados, sendo irrelevante a circunstância de serem ou ao diferentes os elementos constitutivos da infração segundo as leis das Partes Contratantes."

41 A maior parte dos julgamentos de extradição analisados nesta pesquisa resultou no deferimento parcial do pedido. Dos 187 casos analisados: 85 tiveram deferimento parcial (45,4%), 75 resultaram em deferimento (40,1%), 20 foram indeferidos (10,6%) e 7 foram deferidos com restrição (3,7%).

O deferimento é parcial quando incide alguma das hipóteses previstas no artigo 77 da Lei nº. 6.815/1980, quais sejam, o fato não ser crime no Brasil (inciso II), a lei brasileira impuser ao crime pena de prisão inferior a um ano (inciso IV), o extraditando estiver respondendo processo ou houver sido julgado no Brasil pelos mesmos fatos (inciso V), ocorrer a prescrição – da pretensão punitiva ou executória – do crime (inciso VI) ou o fato constituir crime político (inciso VII).

Enquanto o deferimento parcial relaciona-se com a inexistência de qualquer hipótese prevista no artigo 77 do Estatuto do Estrangeiro ou com as causas impeditivas à extradição previstas nos tratados, o deferimento com restrição é uma construção jurisprudencial do próprio tribunal.

O deferimento com restrição ou ressalva consiste em uma situação peculiar em que o Supremo estipula condições ao Estado requerente para o deferimento do pedido de extradição.

No pedido de Extradição n. 692, o ministro relator Ilmar Galvão estabeleceu, à título de exemplo, a seguinte ressalva:

> considerando que a sentença aplicou ao extraditando pena única em relação aos ditos fatos e, ainda, aos crimes de formação de quadrilha do tipo mafiosa e tráfico de substância entorpecente, ficará a cargo do Estado requerente realizar a necessária discriminação, para o fim de exclusão da parcela correspondente à detenção e portes de armas, que não será cumprida pelo extraditando. Ante o exposto, meu voto, com a ressalva acima especificada, é no sentido de deferir o pedido de extradição.

Em qualquer das hipóteses, pelo deferimento parcial ou pelo deferimento do pedido com ressalvas, o extraditando responderá a processo ou cumprirá pena de somente uma parte das imputações formuladas pelo Estado requerente, a parte que sofreu o crivo do controle de legalidade e se tornou admissível. Por isso, o julgamento é concluído com ressalvas no tocante à exclusão do crime ou da pena, conforme se trate de extradição instrutória ou executória.

Vis-à-vis do controle de legalidade exercido pelo Supremo Tribunal Federal, podemos ver que o pedido estrangeiro é analisado em tópicos, crime por crime, sofrendo diferentes juízos de provimento ou desprovimento, que levam, ao final, ao deferimento parcial do pedido.

Interessante observar, no entanto, que nem sempre foi assim. Até a década de 70, o Supremo Tribunal Federal adotava uma visão englobante dos crimes imputados no pedido estrangeiro.

Na Extradição n. 555, o Min. Francisco Rezek relembra a jurisprudência da Corte na década de 70, indicando que a tese até então vigente deveria ter sido mantida, isto é, a extradição deveria ser deferida integralmente, sem ressalvas, ainda que um dos crimes não passasse pelo crivo da dupla incriminação, se a imputação a este fosse superficial. Isto é, entendia-se que se o crime principal, ou o "sentido" de crime estivesse cumprido, a dupla incriminação estava respeitada.[42]

Se esse entendimento tivesse sido aplicado no julgamento da mencionada Extradição n. 1200 o pedido estrangeiro teria sido deferido, ainda que o fato isolado consistente no *abuso de cartão de crédito* não fosse crime no Brasil, pois o conjunto dos fatos conduziria ao sentido da tipificação prevista para o crime de estelionato.

Importante anotarmos que o controle de legalidade em tópicos, embora criterioso, e aparentemente mais benéfico ao extraditando, não impede a execução da extradição. A entrega do extraditando ao Estado estrangeiro só não ocorrerá se o pedido for integralmente indeferido.

De pronto podemos perceber que a atual sistemática, fiel ao exame acurado da dupla incriminação, diga-se, além do que determina o padrão internacional como vimos, acaba gerando uma falsa percepção de proteção ao extraditando.

---

[42] Nas palavras do Ministro Rezek: *"Estive refletindo sobre a questão de saber se deveria, mais uma vez, renovar a discussão que já se travou neste Plenário sobre os limites do deferimento. No ano de 76 publicaram-se na Capital os "Estudos de Direito Público em homenagem a Aliomar Baleeiro". Nesse volume, em trabalho doutrinário, pude colacionar a jurisprudência do Supremo Tribunal até um ponto adiantado da segunda metade da década de 70, indicando a tese prevalecente na Casa, que agora descreverei. O legislador, tanto na lei doméstica de extradição quanto nos tratados que vinculam o Brasil, raciocina e se manifesta no singular, como se cada caso de extradição comportasse uma carga acusatória única. O legislador não quer que se conceda a extradição se o fato não é crime segundo a lei brasileira, embora o seja pela lei do Estado de origem; ou se está prescrito, ou se não ostenta um mínimo de relevância, ou se é um crime político. O legislador se omite de dizer o que acontece quando é múltipla a carga acusatória. O Supremo, até aquela época, tinha decisões uniformes no sentido de que, presentes no caso concreto elementos capazes de proporcionar o deferimento da extradição, não se deviam fazer restrições tópicas, deferindo o pedido por alguns crimes e estatuindo que tais outros, porque menores, ou prescritos, ou atípicos segundo nossa lei, não poderiam ser processados. É certo que isso mudou, sob uma inspiração generosa – e penso que a partir de votos do Presidente Xavier de Albuquerque. O tribunal veio a fazer, desde então, discriminações, especificando em seus julgados, quando cabível, os crimes pelos quais a extradição era concedida, e os tópicos da carga acusatória a serem excluídos. Por mais de uma vez manifestei minha visão crítica desse sistema. E continuo convencido de que não passou pelo espírito do legislador a idéia de facultar esse exame discriminatório no juízo de extradição. Quis aquele que o Brasil não extraditasse pessoas contra as quais só pesassem acusações por nós vistas como atípicas, prescritas ou contaminadas por algum dos outros fatores que obstaculizam a medida. Penso que o Supremo deveria ter-se preservado fiel à sua jurisprudência anterior ao final da década de 70. Assim, sempre que possível a extradição pelas principais das razões acusatórias, o Tribunal não diria que exclui as restantes para impedir – como condição da própria medida extraditória – o foro criminal do país de origem de conduzir amplamente o processo segundo sua própria lei. Uma única exceção faria eu a esse princípio: é a hipótese onde em meio a outras acusações uma se refere a crime político, ou uma conduz o réu ao juízo de exceção. Neste caso, porém, o resultado não seria o exercício de discriminação, mas simplesmente a recusa da extradição."*

Dizendo-se de outra forma, o extraditando é obrigado a retornar ao Estado requerente, ainda que certas condutas por ele praticadas não tenham sido interpretadas como crime, como em todos os casos de deferimento parcial, e ter que responder a processo ou cumprir pena sobre fatos que, embora tenham sido interpretados como crime, possam dizer respeito a procedimento que ofenda os direitos mínimos de defesa, que não puderam ser analisados em face da imposição do sistema da contenciosidade limitada.

Se ainda fôssemos dizer que a atual sistemática protege os interesses da vítima dos crimes praticados pelo extraditando, representados no pedido estrangeiro, mas isso também não ocorre, pois nem mesmo o Estado requerente é atendido no seu pleito, ficando sempre sujeito ao escrutínio do que o Estado brasileiro entende pela exata correspondência penal do crime estrangeiro perante a legislação brasileira.

Ademais, o que ainda é mais crítico, o posicionamento da Corte brasileira acaba estimulando a inflação de pedidos por parte do Estado estrangeiro. Ou seja, por saber de antemão o posicionamento do Tribunal brasileiro, o Estado estrangeiro pode formular um maior número de pedidos, através do seguinte raciocínio: na hipótese de a extradição ser indeferida para alguns crimes, garante-se a entrega do extraditando por outras imputações. Podemos dizer que é o chamado “dilema de Al Capone”[43] perpetuando-se na esfera da extradição passiva.

Logo, força convir que o exame detido dos elementos constitutivos do crime, além de estar em dessintonia com a recomendações internacionais, não protege de forma satisfatória nem os interesses do extraditando nem os interesses da vítima dos delitos em tese por ele praticados em solo estrangeiro.

3.4 *A proteção do extraditando. Dupla incriminação em acurado exame, mas e a garantia do devido processo legal? A terceira conclusão: a dupla incriminação servindo de supedâneo para o exame protocolar do pedido de extradição*

No tópico anterior, dissemos que a atual sistemática adotada para o exame das extradições passivas inibe a atenção a outros direitos fundamentais do extraditando, expressos em garantia judicial. Referíamo-nos à garantia do devido processo legal.

[43] No âmbito penal, ficou conhecido o famoso dilema do acusador de Al Capone, o qual, não conseguindo prendê-lo por seus crimes de contrabando e venda ilegal de bebidas nos Estados Unidos da América, durante as décadas de 20 e 30 do século passado, recorreu ao fisco para prendê-lo por sonegação.

O julgamento da Extradição n. 633 é um exemplo disso.

Na Extradição n. 633 abriu-se a discussão, apesar de vencido o argumento, sobre o papel do Estado requerido na efetiva proteção do extraditando em face do sistema processual do Estado requerente e a garantia ao devido processo legal.

Estava em principal discussão, conduzida pelo Relator Ministro Celso de Mello, o sistema processual da República Popular da China e a garantia do julgamento imparcial, justo, regular e independente, diante das notícias de abusos cometidos aos acusados, como detenções arbitrárias, regime de incomunicabilidade por períodos prolongados, confissões obtidas mediante violência, prática de tortura, e etc.[44]. Além disso, discutia-se a perseguição política disfarçada no pedido de extradição, já que o extraditando possuía participação em partidos opositores ao governo, que visam à reunificação da China sob o regime democrático.

Nenhum dos argumentos foi vencedor. A extradição ao final foi indeferida por uma questão de forma: a ausência da dupla tipicidade. A maioria dos ministros entendeu faltar o requisito da dupla tipicidade, pois a descrição imprecisa dos fatos pelo pedido estrangeiro impedia a análise dessa condição.

As palavras do Ministro Sepúlveda Pertence no julgamento bem explicitam a tradição da jurisprudência do Supremo, é que *"havendo uma outra razão para negar a extradição se evite a constrangedora situação de ter que julgar intenções ou circunstâncias políticas de uma potência amiga"*. O Ministro Sydney Sanches igualmente ponderou que o exame dos demais fundamentos deveriam ser reservados para quando fosse *"absolutamente necessário'*.

No mesmo sentido, já havia julgado o Supremo Tribunal Federal a Extradição n. 524, do nacional paraguaio Gustavo Adolfo Stroessner, filho do ex-ditador do Paraguai, que, dentre outros argumentos, alegava ofensa à garantia do devido processo legal, em face da instabilidade política do Paraguai e o receio do acerto de contas interno que lhe poderia causar um julgamento por tribunal de exceção. A unanimidade dos ministros indeferiu a extradição, mas baseada no voto do Relator que a indeferia com fundamento na ausência de descrição precisa dos fatos imputados ao extraditando.

O julgamento *in absentia* no processo penal no Estado requerente, no caso das extradições executórias, é outro importante exemplo da preponderância do requisito formal da condição da dupla incriminação sob a análise da garantia do devido processo legal.

---

[44] Segundo o Relatório Anual do Departamento de Estado norte-americano, divulgado em março de 1996, e trazido à lume no julgamento da extradição 633.

Segundo o entendimento do Supremo Tribunal Federal, à luz do sistema da contenciosidade limitada, expressado, por exemplo, nas Extradições n. 545-6/Portugal e 678-9/Itália, não cabe ao Estado brasileiro analisar se o julgamento no Estado requerente ocorreu à revelia do extraditando.

Nada obstante, como se viu na Extradição n. 1119/República Tcheca, a revelia em processo cível de obrigação alimentícia impediu a caracterização do correspondente crime de abandono material (art. 244 do Código Penal brasileiro), pela ausência do elemento "justa causa" previsto na figura delitiva do código pátrio. Assim, há um aparente contrassenso, como a revelia do processo penal pode ter menos importância que a revelia no processo cível para fins da extradição?

Dentre os Tratados de Extradição assinados pelo Brasil, apenas os tratados firmados com a Argentina[45], Portugal[46], Espanha[47], França[48], Itália[49] trazem cláusulas sobre o julgamento *in absentia* e a garantia dos direitos mínimos de defesa.

Lembremos, ademais, que o direito de ser ouvido, em um prazo razoável e perante um juízo independente e imparcial está previsto não apenas na Convenção Americana de Direitos Humanos (art. 8(1)), como na Convenção Européia dos Direitos Humanos (direito a um processo equitativo – art. 6º), e no âmbito da ONU, no artigo 14 do Pacto Internacional de Direitos

---

[45] Artigo II. Autorizam a extradição as infrações a que a Lei do estado requerido imponha pena de dois anos, ou mais, de prisão, compreendidas não só a autoria e a co autoria, mas também a tentativa e cumplicidade. Parágrafo único. Em caso de condenação à revelia, poderá ser concedida a extradição mediante a promessa, feita pelo Estado reclamante, de reabrir o processo para fins de defesa do condenado.

[46] Artigo III. Inadmissibilidade de Extradição. 1. Não terá lugar a extradição nos seguintes casos: ( ) h) Haver fundadas razões para considerar que a pessoa reclamada será sujeita a processo que não ofereça garantias de um procedimento criminal que respeite as condições internacionalmente reconhecidas como indispensável à salvaguarda dos Direitos do Homem ou cumprirá a pena em condições desumanas.

Artigo V. Recusa de Extradição. 1. A extradição poderá ser recusada: (...) b) se a pessoa cuja entrega é solicitada tiver sido condenada à revelia pela infração que deu lugar ao pedido de extradição, exceto se a lei da parte requerente lhe assegurar a possibilidade de interposição de recurso da decisão condenatória, ou a realização de novo julgamento após a extradição.

[47] Artigo VII. Se a pessoa reclamada tiver sido condenada à revelia, a extradição não será concedida se, a juízo do Estado requerido, o processo que deu origem à sentença não tiver respeitado os direitos mínimos de defesa reconhecidos a toda pessoa acusada de um delito. Poderá, porém, conceder-se a extradição se o Estado requerente der garantias suficientes de que a pessoa reclamada poderá utilizar os recursos e outras garantias processuais previstas na legislação do Estado requerente.

[48] Artigo 4. Casos de Recusa Obrigatória da Extradição. Não será concedida a extradição: (...) c) se a pessoa reclamada tiver de ser julgada no Estado requerente por um tribunal que não assegure as garantias fundamentais de processo de proteção dos direitos de defesa (...).

[49] Artigo V. Direitos Fundamentais. A Extradição tampouco será concedida: a) se, pelo fato pelo qual for solicitada, a pessoa reclamada tiver sido ou vier a ser submetida a um procedimento que não assegure os direitos mínimos de defesa. A circunstância de que a condenação tenha ocorrido à revelia não constitui, por si só, motivo para recusa de extradição.

Civis e Políticos, em suma, nas esferas de abrangência dos mecanismos de proteção dos direitos humanos (universal e regional).

Salientamos, ainda, que o Modelo de Tratado de Extradição da ONU recomenda expressamente a recusa obrigatória à extradição em caso de ofensa às mínimas garantias em procedimentos criminais e em caso de julgamentos *in absentia* (artigo 3º).[50]

Percebemos, assim, que a Suprema Corte brasileira não examina de forma direta os direitos fundamentais do extraditando.

A aplicação direta do modelo de proteção dos direitos fundamentais pode advir: do texto constitucional, de matriz internacional, e do ordenamento interno como um todo (leis penais e processuais penais brasileiras).

O modelo constitucional brasileiro de direitos fundamentais via de regra não é aplicado. Tal como afirmado pelo Ministro Francisco Rezek, no julgamento da Extradição n. 855, referida acima, a aplicação generalizada do modelo de proteção constitucional de todos os direitos fundamentais previstos na Constituição brasileira levaria, *pela lógica, a indeferir, um dia, a extradição, se verificássemos que no processo de que o extraditando resultou condenado houve prova resultante de quebra de sigilo de correspondência,, ou porque no Estado requerente não se garante uma instrução criminal contraditória; ou porque lá não se prevê a instituição do júri para crimes dolosos contra a vida".*

O receio de se inviabilizar a cooperação jurídica internacional tem limitado os julgamentos da Corte. As exceções são os caso da pena de prisão perpétua referido no julgamento do chileno Norambuena (Ext. 855), já mencionado, e aqueles que envolvem a garantia da proibição do juízo ou tribunal de exceção (art. 5º, inciso XXXVII da Constituição), de certa forma também previsto nos tratados sobre extradição. [51]

Quanto à matriz internacional, reportamo-nos aos mecanismos de proteção internacional dos direitos humanos. As decisões das Cortes de proteção dos direitos humanos são fontes de direito internacional, assim como as normas expedidas em seu âmbito de aplicação.[52]

---

[50] "(f) If the person whose extradition is requested has been or would be subjected in the requesting State to torture or cruel, inhuman or degrading treatment or punishment or if that person has not received or would not receive the minimum guarantees in criminal proceedings, as contained in the International Covenant on Civil and Political Rights, article 14; (g) If the judgment of the requesting State has been rendered in *absentia,* the convicted person has not had sufficient notice of the trial or the opportunity to arrange for his or her defence and he has not had or will not have the opportunity to have the case retried in his or her presence."

[51] Dos 27 tratados vigentes, 26 prevêem a cláusula de recusa obrigatória da extradição em face de julgamento perante tribunal de exceção ou *ad hoc,* conforme já citado alhures.

[52] Ver mais sobre proteção de direitos fundamentais na ordem internacional em CARVALHO RAMOS, André de. *Processo internacional de direitos humanos.* São Paulo: Saraiva, 2012. E ABADE, Denise Neves. op. cit.

Assim, no caso das extradições envolvendo julgamentos à revelia perante o Estado requerente ou mesmo da Extradição n. 633, o modelo de matriz internacional poderia ser aplicado, à vista dos mencionados dispositivos previstos nas Convenção Americana de Direitos Humanos, na Convenção Européia dos Direitos do Homem e no Pacto de Direitos Civis e Políticos. Ao revés, em face da sistemática do controle de legalidade, atrelado à contenciosidade limitada, o Supremo Tribunal Federal somente analisa os dispositivos legais e convencionais sobre direitos fundamentais previstos na Lei n. 6815/80 e nos tratados, o que acaba propiciando o uso da dupla incriminação como supedâneo de proteção aos direitos do extraditando.

Por fim, se o modelo constitucional de proteção de direitos fundamentais deve ser aplicado com cautela, sob pena de convertemos as extradições passivas em infindáveis palcos de decisionismo judicial, quiçá se diga do modelo de aplicação interno das leis penais e processuais penais, cuja extensão aos casos de extradição inviabilizaria por completo a cooperação jurídica internacional, como na hipótese adiante desenvolvida.

3.5 A ampliação do controle da legalidade: a extensão aos casos de dupla incriminação não previstos na Lei n. 6815/80 e nos tratados vigentes. A quarta conclusão: a tendência de se impor o ordenamento jurídico brasileiro ao Estado estrangeiro

No item 3.2 já nos perguntamos até que ponto o Brasil pode impor ao Estado estrangeiro a peculiaridade de seu entendimento judicial. No caso, estava em evidência a construção jurisprudencial sobre a absorção do crime de falsificação de documento no crime de uso de documento falso.

Agora, trazemos à discussão o julgamento da Extradição n. 932, no qual foi questionada a sanidade mental do extraditando, avançando-se no juízo de eventual isenção de pena por inimputabilidade, juízo tipicamente atrelado ao Estado requerente.

A dúvida sobre a sanidade mental do extraditando não constitui motivo para o indeferimento do pedido de extradição, tampouco da conversão do julgamento em diligência para a realização de perícia médica, com a instauração do competente incidente de insanidade mental no âmbito da Corte.

Esse tem sido o entendimento do Supremo Tribunal Federal há longa data, servindo de exemplo a Extradição n. 553-Alemanha, julgada em 24/06/1992.

A propósito, na Extradição n. 553-Alemanha, constou do voto do Ministro Otávio Gallotti

> escapa, ao âmbito do juízo de controle de legalidade da extradição, pelo Supremo Tribunal, o exame das alegações relativas à ausência, quer da prova (que só na Justiça do Estado requrente pode ter lugar), quer da autoria e da materialidade, quer do elemento subjetivo, sem falar nos antecedentes (estupro anterior, agressão iminente, pela vitima), que só poderiam influir na apuração e na graduação da responsabilidade criminal (...) o mesmo se diga sobre a hipótese de isenção de pena por inimputabilidade.

De fato, o juízo sobre a sanidade mental do extraditando é um juízo sobre a sua imputabilidade, isto é, sobre a sua capacidade de entender o caráter ilícito do fato que lhe é atribuído. Assim, se ao tempo do cometimento do crime o extraditando, em virtude de doença mental ou desenvolvimento mental incompleto, era inteiramente incapaz de entender o caráter ilícito do que estava fazendo, diz o artigo 26 do Código Penal brasileiro que ficará o mesmo isento de pena, ficando sujeito à medida de segurança.

Recordemos que a dupla incriminação no seu sentido *abstrato* não compreende juízo sobre a imputabilidade do extraditando, mas apenas sobre a adequação do fato à norma (tipicidade formal) e quando pertinente ao que estiver previsto na lei ou no tratado à lesividade da conduta (tipicidade material).

Já a imputabilidade penal é matéria que diz respeito ao sentido *em concreto* da dupla incriminação.

Sucede que a dupla incriminação *em concreto,* como se viu, não é o *standard* aceito pelo direito internacional, e precisa estar expressa na forma de recusas à extradição, aceitas pelos Estados partes no momento da elaboração do tratado, em face das diferentes concepções do que vem a ser crime para cada ordenamento nacional.

Assim, a ampliação por critério do juízo requerido do conceito da dupla incriminação para o seu sentido *em concreto,* quando não previsto em tratado ou na lei interna sobre a matéria, ofende as relações internacionais que devem se pautar pelo princípio da cooperação entre os povos.

O julgamento da Extradição n. 932 representa uma reviravolta na jurisprudência da Corte que até então não admitia a suspensão do processo de extradição para a instauração do incidente de insanidade mental. Em agravo regimental ao pedido de Extradição n. 932, decidiu o Tribunal, vencido o relator Joaquim Barbosa, que cabia à Corte submetê-lo à perícia médica diante da dúvida quanto a sua sanidade mental.

A questão não se resume nem se pauta pelo sistema da contenciosidade limitada, tampouco pelo o que o Estado brasileiro entende por crime (se incluída a culpabilidade e, assim, o juízo de inimputabilidade decorrente de doença mental), mas, sim, pela definição do que a prática internacional entende por dupla incriminação.

A dupla incriminação é uma condição que se estabelece para que não se defira a extradição de fatos *atípicos* perante o Estado requerido. Não é demais reprisar que o juízo é de adequação do fato ao tipo penal brasileiro, e serve, em princípio, para evitar a extradição de fatos que sequer são crimes *em abstrato* no ordenamento jurídico brasileiro, o que não era o caso da Extradição n. 932.

Basta vermos que a conseqüência prática de submeter o extraditando à pericia seria de duas uma, ou indeferir a extradição e liberá-lo para o convívio na sociedade brasileira, a despeito de necessitar de tratamento médico e acompanhamento psiquiátrico, ou aplicar medida de segurança invadindo-se a jurisdição soberana do Estado requerente no tocante ao julgamento do processo penal estrangeiro.

Ademais, a se ver do próprio ordenamento jurídico brasileiro, deveria ficar a critério do juízo estrangeiro acolher ou não a perícia médica, absolver ou condenar o extraditando na ação penal originária, aplicar-lhe pena ou medida de segurança, enfim, dizer sobre o mérito da ação penal contra o extraditando.

Seria o caso de seguir-se a jurisprudência já consolidada pelo Supremo Tribunal Federal de que não se pode impor, no plano das relações extradicionais entre Estados soberanos, a compulsória submissão da parte requerente ao modelo jurídico de aplicação de penas vigente no âmbito normativo do Estado a quem a extradição é solicitada.[53]

Contrariamente, no entanto, optou a Corte, por maioria, avançar na esfera de competência do Estado requerente.

4. A PROTEÇÃO DOS DIREITOS DA VÍTIMA E A COOPERAÇÃO PENAL INTERNACIONAL. A NACIONALIDADE DO EXTRADITANDO. A QUINTA CONCLUSÃO: A AUSÊNCIA DE CRIVO SOBRE A ATIPICIDADE DA DUPLA INCRIMINAÇÃO

Dissemos que a relação extradicional concentra um feixe de direitos fundamentais que não pode ser olvidado pelo Estado requerido no momento do julgamento do pedido estrangeiro. Além da proteção ao extraditando, deve ser, igualmente, observado o direito da vítima por uma decisão justa em tempo razoável.[54]

---

[53] Ext. 605, 611 e 654.

[54] Em decorrência dos direitos fundamentais previstos nos incisos XXXV e LXXVIII do artigo 5º da Constituição Federal de 1988.

Nesse diapasão, cuidemos de observar que a cooperação jurídica internacional envolve tanto uma perspectiva voltada à governabilidade das relações internacionais, quanto à perspectiva daqueles que estão submetidos ao poder dos Estados e a consagração de seus direitos fundamentais, neste caso, vitima ou vitimas e extraditando.[55]

Ademais, o princípio da dignidade da pessoa humana abrange todos os seres humanos, inclusive, em tese, aquele que o Estado visa proteger quando impõe uma pena criminal ao sujeito agente do delito.

Assim se considerando, perguntamo-nos até que ponto as decisões judiciais brasileiras em matéria de extradição tem salvaguardado o direito da vítima a um processo justo e razoável quando o assunto é dupla incriminação. Não nos referimos ao resultado final dos pedidos estrangeiros, os quais, em grande parte atingem o deferimento ou deferimento parcial. Referimo-nos ao aprofundamento da análise do que vem a ser o princípio da legalidade penal.

O Supremo Tribunal Federal adota como fundamento da dupla incriminação o princípio da legalidade penal, em decorrência do próprio controle de legalidade que exerce. Todavia, não há em seus julgados qualquer menção sobre o alcance desse princípio, isto é, o Supremo Tribunal não realiza nenhum tipo de crivo sobre a atipicidade da regra da dupla incriminação em face de seu fundamento.

Tal ocorreria, por exemplo, se nos julgamentos de extradição relativa a nacionais do Estado requerente a legalidade penal fosse questionada à luz da doutrina especializada.

Conforme dissemos no Titulo II da Parte I, a exigência da dupla incriminação não é clara com relação ao nacional que, conhecendo da lei de seu país, comete intencionalmente um crime e foge para território estrangeiro. A proteção do dogma da legalidade penal faz sentido para o caso do estrangeiro que por um curto período de tempo em terra estrangeira comete um delito e retorna para o seu país ou procura abrigo em um terceiro Estado. O desconhecimento da lei é inescusável, mas, neste caso, ele poderia alegar a ignorância da lei. Já ao nacional não deveria ser dado alegar o desconhecimento de sua própria lei penal, daí porque a proteção da legalidade penal, ante à existência de uma lei prévia, certa e escrita, não lhe faz sentido.

A jurisprudência do Supremo Tribunal Federal em matéria de dupla tipicidade na extradição, revela que a maior parte dos pedidos referem-se a nacionais do país requerente, embora exista uma parte considerável de nacionais de outros estados.

---

[55] Nadia de Araújo refere-se às perspectivas *ex parte principis* e *ex parte populi,* em *Cooperação jurídica internacional no Superior Tribunal de Justiça:* comentários à Resolução nº 9/2005, cit., p. 2.

Citemos, por exemplo, o caso dos Estados Unidos da América, os quais lideram o número de pedidos apresentados ao Brasil: dos 36 pedidos que fizeram no período compreendido na pesquisa, 11 deles dizia respeito a nacionais de outros estados, principalmente, Colômbia[56], Costa Rica[57], Portugal[58], Jordânia[59], Líbano[60] e Romênia[61].

Interessante observar que mesmo nos casos de nacionais dos outros países, o raciocínio sobre o desconhecimento da lei poderia ser o mesmo, pois a extradição, nestes julgamentos, dizia respeito à prática dos crimes de tráfico internacional de drogas, lavagem de dinheiro, furto qualificado, estelionato ou defraudação, e porte ilegal de armas, isto é, a crimes cuja conduta proibida é de notório conhecimento.

Portanto, haveria margem para a Corte excluir do âmbito de abrangência da dupla incriminação os fatos que não se enquadram no seu escopo, bastaria que pusesse em discussão o fundamento da regra e o seu verdadeiro sentido. Na atual jurisprudência da Corte, não se vislumbra no entanto, tendência a essa discussão.

Em suma, podemos dizer que as ações de extradição passiva concentram um juízo que se esgota no controle de legalidade do pedido estrangeiro voltado eminentemente à proteção do extraditando.

5. OS PARADIGMAS DA COOPERAÇÃO JURÍDICA INTERNACIONAL. O POSICIONAMENTO DO ESTADO BRASILEIRO

A sociedade internacional é por sua própria natureza heterogênea. A despeito de sua assimetria de culturas, religiões, etnias e ordenamentos jurídicos internos, a interdependência dos Estados ao longo dos séculos tem conduzido ao aprofundamento da cooperação jurídica internacional.

A cooperação jurídica internacional tornou-se um mecanismo necessário nas relações internacionais. Todavia, não é sempre que os Estados estão dispostos a abrir mão da sua soberania em face da solidariedade internacional, muito menos em matéria penal, como no caso da extradição.

---

56 Ext. 1188, Ext. 1069, Ext. 701.

57 Ext. 549
Ext 542. Neste ultimo pedido de extradição, o indivíduo é declarado americano, mas "se auto-qualifica como nacional da Costa Rica".

58 Ext. 753. O extraditando "é cidadão americano e português".

59 Ext. 669.

60 Ext. 850 e Ext. 761. Quanto a este último, o extraditando "é cidadão norte-americano naturalizado, nascido em 16 de abril de 1940, em Trípoli, Líbia".

61 Ext. 633.

O Estado interlocutor no diálogo internacional ou o Estado negociador de tratados de extradição pode assumir diferentes posturas, não necessariamente apenas uma, apresentando maior ou menor abertura às solicitações estrangeiras de auxílio mútuo.

O Estado pode posicionar-se na elaboração dos tratados e na sua interpretação através de três paradigmas: soberanismo, cooperação interessada e confiança mútua.

Ao assumir a postura do *soberanismo*, o Estado assume a percepção de que é livre e independente para preservar a sua vontade. No âmbito da elaboração dos tratados, estabelece todos os tipos de ressalvas, de direito material e direito processual, e exige a propagação do costume da reciprocidade. No âmbito da interpretação dos tratados, impõe ao ordenamento estrangeiro o seu próprio entendimento.

O modelo do soberanismo surgiu a partir do século XVII, quando consolidado o Estado Westphaliano. É a expressão do voluntarismo e da desconfiança entre os Estados.[62]

Pela paradigma da *cooperação interessada*, o Estado se permite recusas justificadas, de forma moderada, em nome de interesses nacionais, como "ofensa à ordem pública" e "à soberania nacional". O Estado apresenta-se aberto à cooperação e tenta manter um modelo de cooperação a ser preservado nos acordos e tratados que assina. Existe um ambiente de confiança entre os Estados limitado ao que está previsto nos tratados, na legislação interna e no interesse de cooperar.

O paradigma da cooperação interessada surgiu nos séculos XIX e XX, com o surgimento dos crimes transnacionais e com o movimento de internacionalização dos direitos humanos, que consagraram a positivação do direito internacional.

À vista desses dois primeiros modelos de cooperação, podemos dizer que o posicionamento brasileiro, em matéria de dupla incriminação, oscila entre o soberanismo e a cooperação interessada.

---

[62] Os tratados celebrados em Münster e Osnabrück, em 24 de outubro de 1648, marcam o encerramento das lutas religiosas no continente europeu (1618-1648). O término da Guerra dos Trinta Anos consolida o Estado Westphaliano ou o modelo de Estado-Nação, caracterizado pela separação do poder espiritual do poder temporal e gradativa concentração do poder na figura do monarca. Neste modelo surgido a partir do século XVII, a soberania concentra-se em torno do poder imperial e do domínio do território, demonstrando duas faces distintas, uma interna e outra externa. Externamente, a soberania no Estado Westphaliano representou o menosprezo à subordinação a qualquer autoridade exterior, e no âmbito interno, o monopólio exclusivo do Estado sob o território e toda obediência devida pelos súditos à figura do monarca. A Paz de Westphalia acabou por refletir na ordem internacional o mesmo modelo de Estado soberano interno, isto é, o Estado concebido pelo sistema Westphaliano é um Estado voltado para dentro do seu próprio território, independente e livre nas relações intra-estatais (*legibus solutus*).

É evidente que ao assumir a interpretação de que deve escrutinar cada um dos elementos constitutivos dos crimes previstos no pedido estrangeiro, para fins de dupla incriminação, o Estado brasileiro *julgador* adota um posicionamento mais voltado ao soberanismo, principalmente quando o modelo de tratado da ONU não recomenda esse tipo de análise.

O mesmo podemos dizer quando a Corte brasileira impõe a interpretação jurisprudencial local sobre a absorção de uma conduta criminosa em outra. E mais, ainda, quando amplia o sentido de dupla incriminação para além do exame da tipicidade do fato, como no caso da Extradição n. 932.

Por outro lado, a existência de tratados que contemplam recusas moderadas à extradição e até mesmo, em alguns, a exclusão do exame dos elementos constitutivos dos crimes, demonstra que o Estado brasileiro *legislador* está mais voltado à cooperação interessada.

Quanto ao paradigma da *confiança mútua,* seus pressupostos estão assentados na consolidação de valores comuns, mediante a harmonização das legislações penais e processuais penais internas, e no reconhecimento mútuo de decisões judiciais.

É o modelo nascido no espaço europeu de liberdade, segurança e justiça pela aprovação do Tratado de Amsterdam, em 1997[63], do qual trataremos adiante.[64]

---

63 Sobre os paradigmas informadores da cooperação juridical internacional ver mais em ABADE, Denise Neves. op. cit.

64 e que poderia ser o modelo adotado no âmbito do Mercosul.

PARTE III - A DUPLA INCRIMINAÇÃO E O MODELO DA UNIÃO EUROPÉIA

TÍTULO I

O ESPAÇO DE LIBERDADE, SEGURANÇA E JUSTIÇA E O MANDADO DE DETENÇÃO EUROPEU

1. A UNIÃO EUROPÉIA E O ESPAÇO DE LIBERDADE, SEGURANÇA E JUSTIÇA

Em 25 de março de 1957, foram firmados em Roma, os Tratados constitutivos da Comunidade Econômica Européia (CEE) e da Comunidade Européia de Energia Atômica (CEEA ou EURATOM). Os dois tratados entraram em vigor em 1º de janeiro de 1958 para os seis Estados contratantes: França, Alemanha, Itália, Bélgica, Países Baixos e Luxemburgo, os mesmos Estados que fundaram a CECA (Comunidade Européia do Carvão e do Aço)[1] em 1951.

A CEE, CEEA e CECA mantiveram-se separadas até que, em 7 de fevereiro de 1992, o Tratado de Maastricht (TUE), criou uma União Européia fundada em três pilares: (i) o pilar comunitário (das Comunidades Européias)[2], (ii) o pilar intergovernamental de cooperação em Política Externa e de Segurança Comum (PESC) e (iii) o pilar intergovernamental de cooperação no âmbito da Justiça e de Assuntos de Interior (JAI).[3]

Em 1997, o Tratado de Amsterdam (TA) reformulou o terceiro pilar de Maastricht (JAI) e criou o chamado Espaço de Liberdade, Segurança e Justiça (ELSJ). O ELSJ tornou-se um objetivo da União Européia, descrito no artigo 2 do TUE, como *manter e desenvolver a União como um espaço de*

---

1 MANGAS MARTIN, Araceli; LINAN NOGUERAS, Diogo J. *Instituciones y derecho de la Union Europeia.* Madrid: Tecnos, 2010. p. 35.

2 Conforme contextualiza Paulo Borba Casella: *"A formação e evolução da CE, suplantando tentativas concomitantes, como o Conselho da Europa – representa uma das mais bem-sucedidas empreitadas de integração regional realizadas até hoje -, deve contudo, ser inserida, no contexto geográfico-histórico-político-econômico-social-cultural muitíssimo específico da Europa Ocidental, no imediato pós-guerra, no momento da formação dos blocos, por meio dos quais se manifestou e cristalizou a guerra fria, e onde intervém injeção maciça de recursos, sob a forma do Plano Marshall."* A respeito do contexto internacional e formação da CE ver mais em CASELLA, Paulo Borba. *União Européia*: instituições e ordenamento jurídico. São Paulo: LTr, 2002.

3 Idem. A Cooperação em matéria de justiça e assuntos de interior (JAI) está prevista no Titulo VI, do TUE, artigos K a K9.

liberdade, segurança e justiça no qual esteja garantida a livre circulação de pessoas, conjuntamente com medidas adequadas de controle de fronteiras exteriores, o asilo, a imigração e a prevenção e luta contra a delinqüência. [4]

As políticas de controle de fronteiras, asilo, imigração, e cooperação jurídica civil que antes pertenciam ao terceiro pilar (JAI) foram transferidas ao primeiro pilar, isto é, tornaram-se "comunitárias""[5], passando a integrar o Titulo IV do TUE, ao passo que a cooperação penal e policial permaneceram no bloco intergovernamental do Espaço de Liberdade, Segurança e Justiça.

A principal contribuição dos Tratados constitutivos de Maastricht (1992) e Amsterdam (1997) relativamente à cooperação penal, ainda que tenha esta permanecido no pilar intergovernamental, foi a de criar um caminho para a cooperação penal que antes só se desenvolvia com base em tratados multilaterais ou bilaterais entre os Estados membros.

Ao analisar a finalidade do Espaço de Liberdade, Segurança e Justiça VITORINO (2004) assevera que consiste em *assegurar que a liberdade, que inclui o direito de livre circulação em toda a União, possa ser desfrutada em condições de segurança e de justiça acessíveis a todos.*[6]

O último tratado constitutivo da União Européia, o Tratado de Lisboa (TFUE), de 13 de dezembro de 2007, avançou ainda mais no processo de harmonização legislativa do ESLJ, na medida em que previu a extinção dos pilares intergovernamentais, e por conseqüência a necessidade do consenso entre os Estados para as suas formulações, além de ter disposto, expressamente, sobre a supressão das fronteiras interiores.[7]

---

4 Amparado na noção de Espaço de Liberdade, Segurança e Justiça (ELSJ), o Tratado de Amsterdam incorporou, também, o acervo de Schengen de 1985 na União Européia. O Sistema de Schengen foi criado por um Acordo de 14 de junho de 1985, pelo qual participaram Bélgica, Holanda, Luxemburgo, França e Alemanha, posteriormente, com a adesão, de Itália (1990), Portugal e Espanha (1991), Grécia (1992), Áustria (1995), Dinamarca, Finlândia e Suécia (1996) e dois Estados não membros da União Européia, Islândia e Noruega (1996). Suas normas, regulamentações e práticas no tocante ao controle de fronteiras exteriores e supressão de fronteiras interiores foram incorporadas ao ELSJ.

5 A "comunitarização" significa a submissão da matéria ao processo de co-decisão legislativa da Conselho e do Parlamento europeu, bem assim, à jurisprudência do TJUE.

6 Ambiciona-se criar uma União em que as pessoas e os fatos jurídicos possam circular com liberdade e segurança. A liberdade de circulação, apesar das vantagens que apresenta, facilita também a mobilidade dos agentes criminosos e dos proventos das suas atividades. VITORINO, Antonio. O espaço europeu de liberdade, segurança e justiça. Disponivel em: <http://www.janusonline.pt/2004.2004_3_1_5.html1> Acesso em: 22 nov. 2011.

7 Segundo artigo 67 do TFUE, os objetivos do ESLJ ficam mais claros: 1. Garantir a ***ausência de controles de pessoas nas fronteiras interiores*** e desenvolver uma política comum de asilo, imigração e controle de fronteiras exteriores baseada na solidariedade entre Estados membros e que seja equitativa para com os nacionais de terceiros países, ao que se assemelham os apátridas. Esta matéria se regula no Capitulo 2, titulado "Política sobre controles em fronteiras, asilo e imigração", e se refere as matérias que estavam cobertas pelo Titulo IV do TCE.

Dentro desse Espaço de Liberdade, Segurança e Justiça objetivado pela União Européia, o Conselho instituiu um mecanismo alternativo à extradição, mais célere e baseado na confiança mútua entre os Estados: o mandado de detenção europeu.

2. A DECISÃO-QUADRO N. 2002/584/JAI

Em 13 de junho de 2002, com o objetivo de alcançar um efetivo Espaço de Liberdade, Segurança e Justiça, movido principalmente pelos acontecimentos terroristas que ocorriam no mundo, o Conselho da União Européia editou a Decisão-quadro n. 2002/584/JAI adotando uma ordem de detenção européia em substituição à extradição como principal veículo de cooperação entre os Estados.[8]

Através da ordem de detenção européia, a autoridade judiciária emissora do mandado de detenção alcança o cumprimento de sua decisão, pela entrega de pessoa condenada ou processada em seu território, por intermédio da autoridade judiciária receptora (ou de execução) do outro Estado membro. Não há a intervenção das autoridades administrativas desses Estados na análise da solicitação estrangeira, apenas no que se refere à execução da colaboração.

Observamos que no novo sistema da euro-ordem, os envolvidos não são mais os Estados, requerido e requerente, mas, sim, as autoridades judiciárias da União Européia, emissora da ordem de detenção e executora dessa ordem. Por ser um mecanismo eminentemente judiciário, a ordem de detenção eliminou a morosidade que era comum nos procedimentos de extradição.[9]

---

2. Esforçar-se por garantir um nível elevado de segurança mediante medidas de prevenção e luta contra a delinqüência, o racismo e a xenofobia, medidas de coordenação e cooperação entre autoridades policiais e judiciais e outras autoridades competentes, assim como mediante o reconhecimento mutuo de decisões judiciais em matéria penal e, se for necessário, mediante a aproximação das legislações penais. Esta matéria se regula nos Capítulos 4 e 5, titulados "Cooperação judicial em matéria penal" e "Cooperação Policial" respectivamente. Acolhidas essencialmente as matérias ate agora reguladas pelo Titulo VI do TUE ou "terceiro pilar".

3. Facilitar a tutela judicial, garantindo em especial o principio do reconhecimento mutuo das decisões judiciais e extrajudiciais em matéria civil. Esta matéria é objeto de tratamento no Capitulo 3, dedicado expressamente a "Cooperação judicial em matéria civil, ate agora prevista no Titulo IV do TCE. (v. TFUE e Martin, Araceli Mangas y Nogueras, Diego J. Liñán. *Instituciones y Derecho de La Unión Europea.* Tecnos: Madrid, 2010.

8 A ordem de detenção européia ou mandado de detenção europeu é uma decisão judiciária emitida por um Estado-Membro com vista à detenção e entrega por outro Estado-Membro de uma pessoa procurada para efeitos de procedimento penal ou de cumprimento de uma pena ou medida de segurança privativas de liberdade. (artigo 1, §1º).

9 De fato, por ser um instrumento executado puramente entre as autoridades judiciais dos países membros, a euro-ordem possibilitou que o procedimento de entrega de pessoas acusadas ou condenadas ocorresse em até 50 dias, o que, antes, com a extradição, via de regra, durava 1 ano. *La ordem de*

De fato, por meio da Decisão-quadro n. 2002 buscou-se suprimir gradualmente o instituto da extradição entre os Estados Membros[10], imprimindo-se ao procedimento de transferência de decisões judiciais entre as autoridades da União Européia a mesma celeridade com que as pessoas circulam em seu território.

Colhe-se do quinto considerando da referida decisão-quadro que o objetivo da União Européia de se tornar um espaço de liberdade, de segurança e justiça conduziu à supressão da extradição entre os Estados-Membros e a simplificação de seu sistema de entrega, uma vez que já não existiam mais as barreiras físicas de circulação.

Além do fato de "despolitizar a decisão sobre o procedimento de entrega[11], tornando-o mais célere, a ordem de detenção européia diferencia-se da extradição por possuir base normativa comunitária, ao contrário dessa que se baseia em tratados ou convênios entre dois ou mais Estados, no costume e na reciprocidade.

Nesse diapasão, lembremos que a Decisão-quadro n. 2002/584/JAI foi instituída dentro do campo de competência legislativa concorrente do Espaço de Liberdade, Segurança e Justiça da União Européia. [12]

Detencion Europea y El Principio de Reconocimiento Mutuo (I), Gilles de Kerchove, Diretor de Justiça, Secretaria Geral do Conselho da União Européia. ARROYO ZAPATERO, Luis. *La orden de detención y entrega europea.* Cuenca: Ediciones de la Universidad de Castilla-La Mancha, 2006. p. 81. É esta também a constatação do Relatório da Comissão ao Parlamento Europeu e ao Conselho sobre a aplicação desde 2007 da Decisão-Quadro de 13 de Junho de 2002: *Passaram mais de sete anos após a entrada em vigor, em 1 de Janeiro de 2004, da Decisão-Quadro do Conselho, de 13 de Junho de 2002, relativa ao mandado de detenção europeu (a seguir designado «MDE») e aos processos de entrega entre os Estados-Membros [1] (a seguir designada «decisão-quadro do Conselho»). Os dados estatísticos disponíveis recolhidos entre 2005 e 2009 registaram 54 689 mandados emitidos e 11 630 executados. Durante esse período, entre 51% e 62% das pessoas procuradas consentiram na própria entrega, em média depois de um período entre 14 e 17 dias. O tempo médio de entrega para as pessoas que não deram o consentimento foi de 48 dias. Esta situação distingue-se positivamente da existente antes do MDE, caracterizada por uma duração média de um ano para a extradição das pessoas procuradas, tendo reforçado sem dúvida a livre circulação de pessoas na União Europeia através de um mecanismo mais eficaz para assegurar que a abertura das fronteiras não seja aproveitada pelas pessoas que pretendem subtrair-se à justiça.* Relatório da Comissão ao Parlamento Europeu e ao Conselho sobre a aplicação desde 2007 da Decisão-Quadro do Conselho, de 13 de Junho de 2002, relativa ao mandado de detenção europeu e aos processos de entrega entre os Estados-Membros. EUR-Lex. Disponível em: <www.eur-lex.europa.eu>.

10 A Decisão-Quadro n. 2002/584/JAI substituiu os seguintes textos existentes: o Convênio Europeu de Extradição, de 1957; o Convênio Europeu para a Repressão ao Terrorismo, de 1978, no que se refere à extradição, o Acordo de 26 de maio de 1989 entre 12 Estados Membros relativo à simplificação da transmissão de solicitações de extradições; o Convênio sobre o procedimento simplificado de extradição de 1995, o Convênio de extradição de 1996 e as disposições de Acordo de Schengen que fazem referência a esta matéria.

11 Sobre as diferenças entre os mecanismo da extradição e mandado de detenção europeu ver CUERDA RIEZU, Antonio. La extradición y la orden europea de detención y entrega. *Cenipec*, Mérida, v. 1, n. 25, p.41-60, 23 maio 2006.

12 Explica Araceli e Nogueras que a competência partilhada é de exclusão, isto é, quando a matéria não for de competência exclusiva da União (como as questões relativas à união aduaneira, política

Segundo estabelece o artigo 34 do TUE na sua forma consolidada pelo Tratado de Amsterdam, as decisões-quadro têm como objetivo aproximar as legislações dos membros da União Européia. Não possuem efeito direto, pois a vinculação jurídica não se produz com a decisão-quadro senão com o instrumento jurídico que em cada Estado transponha seu conteúdo. Obrigam os Estados membros quanto ao resultado, decidindo estes a forma e o meio mais adequado para incorporá-las as suas legislações internas. A obrigação de resultado as converte em instrumento com maior força vinculante, que as aproxima das diretivas, próprias do pilar comunitário.

O mandado de detenção europeu é, assim, um instrumento de cooperação jurídica internacional, criado por norma derivada da União Européia, com o objetivo de aproximar as legislações nacionais, cujos efeitos foram trasladados aos Estados membros mediante a transposição da decisão-quadro para os respectivos direitos internos.[13]

3. OS PILARES DO MANDADO DE DETENÇÃO EUROPEU: O RECONHECIMENTO MÚTUO E A HARMONIZAÇÃO DAS LEGISLAÇÕES

Na medida em que se destinou a facilitar e trazer para um prazo razoável de cumprimento a entrega de acusados e condenados, a Decisão-quadro n. 2002/584 é mais eficiente que o modelo de extradição no tocante ao cumprimento da promoção da cooperação internacional.

Ao mesmo tempo, uma vez que tornou essencialmente judiciário o procedimento, a decisão-quadro também se predispôs à tutela dos direitos fundamentais.

Isso só foi possível, entretanto, em face do modelo em que foi concebida.

O Espaço Comum de Liberdade, Segurança e Justiça, no bojo do qual foi criado o mandado de detenção europeu, desenvolve-se sob dois princípios basilares: o reconhecimento mútuo das decisões judiciais emanadas dos Estados membros e a harmonização das legislações criminais, penais e processuais penais.

---

comercial comum, política monetária e conservação dos recursos pesqueiros), ou complementária (políticas de educação, formação profissional, desporte, cultura, indústria, turismo, saúde, proteção civil), ela será partilhada entre os Estados membros e a União Européia: "*Los dos concurrem a regular, pero cuando lo hace la UE desplaza la competência nacional y 'ocupa el terreno'*. MANGAS MARTIN, Araceli; LINAN NOGUERAS, Diogo J. op. cit., p. 76 A adoção pela União Européia da postura de regulação das matérias atinentes à competência partilhada justificar-se-ia, por sua vez, em razão da insuficiência da ação dos Estados, para maior eficácia da ação comum ou mesmo para dimensionar os efeitos da ação em escala comunitária.

13 As respectivas leis de transposição podem ser encontradas no site oficial da União Européia.

A Decisão-quadro n. 2002/584 foi o primeiro instrumento que incorporou o reconhecimento mútuo em matéria criminal.[14]

Por reconhecimento mútuo entende-se que a decisão adotada por um juiz será automaticamente aceita pelos juízes dos demais Estados membros, e surtirá nos demais territórios os seus próprios ou semelhantes efeitos.[15]

Tanto o reconhecimento mútuo das decisões judiciais quanto a harmonização das legislações dos Estados-membros firmam-se na idéia da equivalência de valores e no paradigma da confiança.

O paradigma da *confiança mútua* baseia-se, por sua vez, no pressuposto da consolidação de valores comuns, de padrões comuns de proteção. Tornou-se "pedra angular" do sistema de cooperação no Espaço Europeu de Liberdade, Segurança e Justiça do Tratado de Amsterdam, em 1997.[16]

Parte-se da premissa que existe um padrão mínimo de direitos e garantias no âmbito integracionista de tal forma que deverão ser aplicados como equivalentes em todos os Estados membros[17], confiando-se que as decisões ditadas pela autoridade judicial de um Estado membro serão válidas conforme previsto em sua legislação nacional e serão eficazes e executáveis no território de quaisquer deles.

Já a harmonização das legislações, desenvolvida através de decisões-quadro, objetiva garantir uma proteção jurídica real dos cidadãos europeus. Assume-se que somente os Estados que acordam compartilhar sua soberania em questões criminais, poderão seguir sendo soberanos na proteção de seus cidadãos[18].

Ademais, o bloco de convencionalidade que existe na proteção dos direitos fundamentais na União Européia – formado pela Convenção Européia de Direitos Humanos e pela jurisprudência da Corte Européia de Direitos Humanos – supõe o conteúdo mínimo dos direitos fundamentais que devem

---

14 Hoje há pelo menos outras 3 decisões quadro que tratam do reconhecimento mutuo em decisões judiciais, como as decisões-quadro sobre embargo preventivo de bens e colheita de provas, sobre resoluções de perda de bens e sanções pecuniárias. Decisões-quadro ns. 577/2003, 214/2005 e 783/2006.

15 ARANGÜENA FANEGO, Coral et al. *Cooperación judicial penal en la Unión Europea*: la orden europea de detención y entrega. Valladolid: Lex Nova, 2005. p. 52.

16 O Conselho Europeu, reunido em Tampere nos dias 15 e 16 de outubro de 1999, insistiu que o principio do reconhecimento mútuo se converteria na pedra angular da cooperação judicial tanto em matéria civil como penal no seio da União Européia.

17 O padrão de "equivalência" foi pela primeira vez mencionado no Caso 120/78 da Corte de Justiça das Comunidades Européias, o chamado caso *Cassis de Dijonvii*. No citado julgamento, ficou assentado que o agente econômico tem o direito de colocar livremente os seus produtos e serviços nos mercados de certo Estado membro se aqueles produtos e serviços tiverem sido produzidos comercializados ou fornecidos legalmente em outro Estado membro. Parte-se da idéia que a fabricação e o controle equivalem-se no território europeu e primam pela saúde dos consumidores.

18 Catala Polo, *La Cooperacion en asuntos de justicia e interior", p. 32, apud* ARANGÜENA FANEGO, Coral et al. op. cit., p. 47.

ser respeitados em todos os Estados membros e por todas as demais normas derivadas da União Européia.

A competência concorrente da União e dos Estados membros, acabou facilitando, também, o processo de harmonização legislativa no espaço comum, através da transposição interna das decisões-quadro do Conselho Europeu.

Como já referido, o ultimo tratado constitutivo da União Européia, o Tratado de Lisboa (TFUE), de 13 de dezembro de 2007, avançou ainda mais no processo de harmonização legislativa do ESLJ, na medida em que previu a extinção dos pilares intergovernamentais, além de ter disposto, expressamente, sobre a supressão das fronteiras interiores.[19]

Tal contexto, favorável à confiança mútua entre os Estados, facilitou a implementação de uma nova visão no tocante à dupla incriminação: a abolição da cláusula para um número de delitos, com base no padrão de equivalência de valores.

4. A DUPLA INCRIMINAÇÃO E A DECISÃO-QUADRO N. 2002/584/JAI

A Decisão-quadro prevê em seu artigo 2º, §2º a exclusão da observância da dupla tipicidade para um rol de 32 delitos[20], desde que apenados com

---

19 Segundo artigo 67 do TFUE, os objetivos do ESLJ ficam mais claros:
1. Garantir a ***ausência de controles de pessoas nas fronteiras interiores*** e desenvolver uma política comum de asilo, imigração e controle de fronteiras exteriores baseada na solidariedade entre Estados membros e que seja equitativa para com os nacionais de terceiros países, ao que se assemelham os apátridas. Esta matéria se regula no Capitulo 2, titulado "Política sobre controles em fronteiras, asilo e imigração", e se refere as matérias que estavam cobertas pelo Titulo IV do TCE.
2. Esforçar-se por garantir um nível elevado de segurança mediante medidas de prevenção e luta contra a delinqüência, o racismo e a xenofobia, medidas de coordenação e cooperação entre autoridades policiais e judiciais e outras autoridades competentes, assim como mediante o reconhecimento mutuo de decisões judiciais em matéria penal e, se for necessário, mediante a aproximação das legislações penais. Esta matéria se regula nos Capítulos 4 e 5, titulados "Cooperação judicial em matéria penal" e "Cooperação Policial" respectivamente. Acolhidas essencialmente as matérias ate agora reguladas pelo Titulo VI do TUE ou "terceiro pilar".
3. Facilitar a tutela judicial, garantindo em especial o principio do reconhecimento mutuo das decisões judiciais e extrajudiciais em matéria civil. Esta matéria é objeto de tratamento no Capitulo 3, dedicado expressamente a "Cooperação judicial em matéria civil, ate agora prevista no Titulo IV do TCE. (v. MANGAS MARTIN, Araceli; LINAN NOGUERAS, Diogo J. op. cit.). A extinção dos pilares intergovernamentais traz como consequências: (i) a primazia da norma comunitária; (ii) o efeito direto em sua aplicação; (iii) a responsabilidade dos Estados por violação ao direito comunitário; (iv) a competência dos Estados para celebrarem acordos com outros Estados (terceiros) desde que observem o Direito da União Européia; (v) a adesão *de jure* da União Européia à Convenção Européia de Direitos Humanos e, consequentemente, à jurisprudência da Corte Européia de Direitos Humanos, conforme previsto no Tratado de Lisboa.

20 Rol completo: participação numa organização criminosa, terrorismo, tráfico de seres humanos, exploração sexual de crianças e pedofilia, tráfico ilícito de estupefacientes e de substâncias psicotrópicas, tráfico ilícito de armas, munições e explosivos, corrupção, fraude, incluindo a fraude lesiva dos interesses financeiros das Comunidades Européias na acepção da convenção de 26 de Julho de

pena privativa de liberdade ou medida de segurança privativa de liberdade cuja duração máxima seja no mínimo de 3 anos.

Explica o magistrado francês Emmanuel Barbe que a proposta original da elaboração da cláusula de abolição da dupla incriminação previa que cada país poderia apresentar uma lista de infrações em face das quais não se concederia a entrega, num sistema muito parecido ao que hoje é desenvolvido na extradição. Tal proposta recebeu críticas no seguinte sentido: a dupla incriminação visa evitar as demandas fundadas em infrações atípicas, pouco previsíveis por natureza; se o objetivo era esgrimir a dupla incriminação e exclui-la do campo da entrega, o mecanismo deveria ser o da enumeração dos delitos em comum. [21]

E assim se procedeu. O rol de delitos previstos no artigo 2, §2º da decisão-quadro prevê desde delitos comuns, como homicídio, lesões corporais graves e as falsificações que elenca, a crimes que são objeto de tratados internacionais, de resoluções e diretivas da União Européia, como os delitos de corrupção, terrorismo e falsificação de moeda, além daqueles incluídos na competência do Tribunal Penal Internacional. Trata-se de um rol heterogêneo, mas que procurou levar em conta infrações que ocorrem com mais freqüência, como categorias já aceitas pelos Estados membros.

Na prática, a abolição da dupla incriminação no procedimento de entrega europeu representa a ausência de controle pela autoridade judiciária executora da ordem, a qual não poderá examinar se o crime relativo à ordem é ou não delito em sua legislação.

Tal ocorre por exemplo, no caso da autoridade emissora ser a Itália, a qual possui o delito de organização criminosa do tipo mafioso, e as autoridades executoras serem a Inglaterra ou a Alemanha, que não possuem definição legal de organização criminosa, senão orientações internas da Polícia

---

1995, relativa à proteção dos interesses financeiros das Comunidades Européias, branqueamento dos produtos do crime, falsificação de moeda, incluindo a contrafação do euro, cibercriminalidade, crimes contra o ambiente, incluindo o tráfico ilícito de espécies animais ameaçadas e de espécies e essências vegetais ameaçadas, auxílio à entrada e à permanência irregulares, homicídio voluntário e ofensas corporais graves, tráfico ilícito de órgãos e de tecidos humanos, rapto, sequestro e tomada de reféns, racismo e xenofobia, roubo organizado ou à mão armada, tráfico de bens culturais incluindo antiguidades e obras de arte, burla, extorsão de proteção e extorsão, contrafação e piratagem de produtos, falsificação de documentos administrativos e respectivo tráfico, falsificação de meios de pagamento, tráfico ilícito de substâncias hormonais e outros fatores de crescimento, tráfico ilícito de materiais nucleares e radioativos, tráfico de veículos roubados, violação, fogo-posto, crimes abrangidos pela jurisdição do Tribunal Penal Internacional, desvio de avião ou navio, sabotagem. Se formos observar que alguns deles permitem variantes, como o homicídio voluntário e as agressões com lesões graves, bem como, a falsificação de documentos administrativos e o respectivo tráfico de documentos, a lista ultrapassa o número relativo a 32 infrações.

[21] BARBE, Emmanuel. *El principio de doble incriminación.* Publicaciones del Portal Iberoamericano de las Ciencias Penales. Instituto de Derecho Penal Europeo e Internacional, 2006. Disponível em: <www.cienciaspenales.net>. Acesso em: 13 out. 2001.

e agências, o que redundava em muitos problemas à Itália em matéria de extradição. Ou, assim também, se o caso for de corrupção privada para a Espanha, ao passo que outros países europeus não a tipificam, ou mesmo branqueamento de capitais para a França e a Espanha, em que o agente do delito principal pode incorrer no crime de lavagem de capitais, ao tempo em que na Itália e na Holanda a lei não o permite. Em outras palavras, a ordem deve ser executada independente da previsão legal do fato como crime no território da autoridade judiciária executora.

O parágrafo 3 do artigo 2º da decisão-quadro prevê que a lista poderá ser acrescida de novos delitos, por decisão unânime do Conselho, ouvido previamente o Parlamento Europeu.

O parágrafo 4º do mesmo artigo, contempla a interessante ressalva quanto aos elementos constitutivos, isto é, se o crime objeto da ordem não está elencado dentre o rol de crimes para os quais se previu a abolição da dupla incriminação, a autoridade executora da ordem deverá ater-se ao exame da tipicidade do fato, com *independência dos elementos constitutivos do delito ou qualificação*. Adotou a União Européia, assim, o padrão internacional da ONU e das recomendações internacionais sobre o assunto.

Em suma, o mandado de detenção europeu é aplicado em três hipóteses: (i) para fins processuais penais por fatos puníveis com pena ou medida de segurança privativas de liberdade de duração máxima não inferior a 12 meses ou (ii) já havendo sentença quando tiver sido decretada uma pena ou aplicada uma medida de segurança por sanções de duração não inferior a quatro meses. Para essas duas hipóteses, o Estado membro de execução poderá exigir o controle da dupla incriminação, conforme dispõe a alínea 4 do artigo 2; e (iii) para o rol de trinta e dois crimes elencados na alínea 2, independentemente da análise da dupla incriminação e desde que possuam pena máxima de no mínimo três anos.

4.1 A dupla incriminação e a análise da legalidade pelo TJUE no caso Advocaten voor de Wereld VZW contra Leden van de Ministerraad

A Decisão-quadro n. 2002/584 não descreve, em forma de normas de conduta, o que vem a ser cada um 32 delitos previstos no seu artigo 2º, tal como se costuma ver nas legislações nacionais, onde homicídio representa a figura normativa equivalente a *"matar alguém"*.

Exatamente por isso, houve discussão no âmbito do Tribunal de Justiça da União Européia acerca de possível ofensa ao princípio da legalidade estrita em matéria penal em face do artigo 2º, §2º da Decisão-quadro n. 2002/584.

No caso *Advocaten voor de Wereld VZW contra Leden van de Ministerraad*[22], a organização não-lucrativa belga *Advocaten voor de Wereld* requereu ao Tribunal Constitucional belga a anulação da lei de transposição da Decisão-quadro. n. 2002/584, Lei de 19/12/2003, entre outros motivos, por ofensa ao princípio da legalidade penal. A Corte Constitucional belga, em ordem de salvaguardar a interpretação uniforme da decisão-quadro, procedeu ao reenvio do caso, submetendo-o ao Tribunal de Justiça da União Européia.

Decidiu o Tribunal de Justiça da União Européia que a aplicação da Decisão-quadro sem o controle da dupla incriminação não fere o princípio da legalidade. Isso porque, a Decisão-quadro não se destina a harmonizar as infrações penais em causa quanto aos seus elementos constitutivos ou às penas aplicáveis, cabendo tal definição ao Estado membro *emissor*. Em outras palavras, ao Estado emissor caberia o cumprimento do princípio da legalidade penal.[23]

O Tribunal de Justiça da União Européia referendou a abolição da dupla incriminação para as categorias de infrações mencionadas na decisão-quadro, interpretando o princípio da legalidade de acordo com o direito do Estado membro de emissão de legislar sobre as condutas que entende criminosas.

De certa forma assim, o princípio da legalidade foi reconhecido pelo Tribunal como fundamento da dupla incriminação. Todavia, entendeu o Tribunal que o princípio da legalidade penal, previsto nas tradições constitucionais comuns e nos diversos tratados internacionais, estaria protegido dentro da seara da territorialidade do Estado emissor da ordem. Dito de outra forma, o princípio da legalidade penal foi interpretado dentro de sua dimensão territorial, isto é, de acordo com *a lei do local do crime*.

---

22 Tribunal de Justiça da União Européia. Processo C 303/05 Advocaten voor de Wereld VZW contra Leden van de Ministerraad. EUR-Lex. Disponível em: <www.eur-lex.europa.eu>. Acesso em: 30 nov. 2011.

23 De acordo com a decisão: *"Há que se recordar que princípio da legalidade dos crimes e das penas (nullum crimen, nulla poena sine lege), que faz parte dos princípios gerais de direito na base das tradições constitucionais comuns aos EstadosMembros, também foi consagrado por diversos tratados internacionais, nomeadamente pelo artigo 7.°, n.° 1, da Convenção Europeia dos Direitos do Homem. Esse princípio exige que a lei defina claramente as infrações e as penas que as punem. Esse requisito está preenchido quando o particular pode saber, a partir da redação da disposição pertinente e, na medida do necessário, com o auxílio da interpretação adotada pelos tribunais, quais os atos e omissões que o fazem incorrer em responsabilidade penal (...) A este propósito, o artigo 2.°, n.° 2, da Decisãoquadro 2002/584, relativa ao mandado de detenção europeu e aos processos de entrega entre os EstadosMembros, na medida em que suprime o controle da dupla incriminação relativamente às infrações nele mencionadas, não é inválido por violação do referido princípio da legalidade dos crimes e das penas. A decisãoquadro não se destina a harmonizar as infrações penais em causa quanto aos seus elementos constitutivos ou às penas aplicáveis. Embora o referido artigo 2.°, n.° 2, da decisãoquadro suprima o controle da dupla incriminação para as categorias de infrações nele mencionadas, a sua definição, bem como as penas aplicáveis, continua a competir ao direito do EstadoMembro de emissão, que, como aliás é enunciado no artigo 1.°, n.° 3, desta mesma decisãoquadro, deve respeitar os direitos fundamentais e os princípios jurídicos fundamentais consagrados no artigo 6.° UE e, por conseguinte, o princípio da legalidade dos crimes e das penas."*

5. O MODELO DA UNIÃO EUROPÉIA E A PROTEÇÃO DOS DIREITOS FUNDAMENTAIS DO ACUSADO. EVOLUÇÃO NA PROTEÇÃO DE GARANTIAS PROCESSUAIS

O objetivo desta seção é identificar se no sistema europeu vêm sendo analisadas garantias processuais do extraditando que, porventura, não constam da Decisão-quadro, bem como demonstrar como evolui o direito comunitário no tocante à proteção dessas garantias fundamentais.

Para tanto, selecionamos a garantia do devido processo legal, já analisada nos julgamentos do Supremo Tribunal Federal. Desta feita, o devido processo legal será abordado dentro do contexto dos julgamentos *in absentia,* das prisões cautelares e outros avanços que vem ocorrendo dentro do modelo de liberdade, segurança e justiça da União Européia.

5.1 O mandado de detenção Europeu e as decisões do Tribunal Constitucional espanhol sobre o julgamento in absentia que embasaram a Decisão-quadro 2009/299/JAI

A Decisão-quadro n. 2002/584/JAI contempla o julgamento na ausência do acusado como causa condicionante do cumprimento da ordem de detenção européia, obrigando a execução da entrega à demonstração de garantias, pela autoridade judiciária de emissão, consideradas suficientes que assegurem à pessoa sobre a qual recai o mandado de detenção europeu a possibilidade de interpor um recurso ou de requerer um novo julgamento no Estado membro de emissão e de estar presente no julgamento.[24]

Assim, o Estado executor da ordem, em conformidade com o seu direito interno, poderá condicionar o cumprimento do mandado emitido por outro Estado membro quando embasado em condenações à revelia. Não basta, entretanto, a mera ausência física da pessoa buscada, sendo necessário que esta não tenha sido citada pessoalmente ou informada de outra maneira da data e lugar da audiência que levou à decisão.

---

[24] De acordo com o artigo 5º, § 1º A execução do mandado de detenção europeu pela autoridade judiciária de execução pode estar sujeita pelo direito do Estado-Membro de execução a uma das seguintes condições: Quando o mandado de detenção europeu tiver sido emitido para efeitos de cumprimento de uma pena ou medida de segurança imposta por uma decisão proferida na ausência do arguido e se a pessoa em causa não tiver sido notificada pessoalmente ou de outro modo informada da data e local da audiência que determinou a decisão proferida na sua ausência, a entrega só pode efetuar-se se a autoridade judiciária de emissão fornecer garantias consideradas suficientes assegurando à pessoa sobre a qual recai o mandado de detenção europeu a possibilidade de interpor um recurso ou de requerer um novo julgamento no Estado-Membro de emissão e de estar presente no julgamento Conforme EUR-Lex. *Council Framework Decision.* Disponível em: <http://eurlex.europa.eu/Notice.do?val=274416:cs&lang=pt&list=570114:cs,465624:cs,452016:-cs,420933:cs,395474:cs,286347:cs,278482:cs,274416:cs,&pos=8&page=1&nbl=8&pgs=10&hwords=mandado%20de%20detenção%20europeu~&checktexte=checkbox&visu=#texte>.

No ordenamento espanhol, a exigência de se condicionar a entrega de pessoas condenadas *in absentia* à garantia de um novo processo deriva há longo termo das decisões do Tribunal Constitucional, a que são exemplos a STC 91/2000, STC 177/2006 e STC 37/2007.

Como *leading case,* a STC 91/2000, de 30 de março, consistiu no deferimento de recurso de amparo para anular ordem de extradição concedida à Itália sem nenhum condicionamento, sob o argumento de ofensa indireta ao conteúdo absoluto do direito de defesa de *Domenico Paviglianiti*, julgado *in absentia.* Entendeu o Tribunal Constitucional espanhol, na esteira das decisões da Corte Européia dos Direitos do Homem Humanos (Sentencia *Soering,* de 07 de julho de 1989*)*, que cabe ao país requerido velar pelos direitos do extraditando de modo a não permitir vulnerações indiretas aos seus direitos fundamentais.[25]

Está claro que pretendeu o legislador europeu garantir o respeito ao direito de defesa do condenado nos casos de revelia involuntária.

Nessa toada, pode-se dizer que contribuíram as decisões do Tribunal Constitucional espanhol para que se previsse, na Decisão-quadro n. 2002/584/JAI, os julgamentos *in absentia,* salvaguardando-se, minimamente, o direito de defesa, ao condicionar a entrega à apresentação de garantias suficientes por parte do Estado emissor quanto à possibilidade de recurso ou novo julgamento perante ao Estado executor, com a presença do acusado.

Ao contrário, entretanto, do que veio a disciplinar o legislador europeu, o Tribunal Constitucional espanhol considera tal condição como imperativa e não facultativa como acabou por ser disposto no artigo 5º, §1º. O artigo 5, §1º da Decisão-quadro n. 2002/584/JAI concede ampla margem de discricionariedade à autoridade judiciária do Estado executor, deixando nas mãos desta a faculdade de exigir a ou não garantias suficientes que assegurem à pessoa sobre a qual recai o mandado de detenção europeu a possibilidade de interpor um recurso ou de requerer um novo julgamento no Estado-Membro de emissão e de estar presente no julgamento.

As dificuldades decorrentes da falta de um tratamento homogêneo e coerente do reconhecimento mútuo de decisões judiciais ditadas à ausência do acusado, no que em grande parte contribuiu a interpretação do juiz constitucional espanhol, fez com que a União Européia editasse nova normativa,

---

[25] Extrai-se o seguinte trecho da decisão: *"Por lo tanto cabe concluir que constituye una vulneración "indirecta" de las exigencias absolutas dimanantes del derecho proclamado en el art. 24.2 CE, al menoscabar el contenido esencial del proceso justo de un modo que afecta a la dignidad humana, según precisamos en el fundamento jurídico 8, acceder a la extradición a países que, en casos de delito muy grave, den validez a las condenas en ausencia, sin someter la entrega a la condición de que el condenado pueda impugnarlas para salvaguardar sus derechos de defensa."* TRIBUNAL CONSTITUCIONAL DE ESPAÑA. Sentencia 91/2000, de 30 de marzo de 2000. Disponível em: <http://hj.tribunalconstitucional.es/HJ/pt/Resolucion/Show/4075>.

revendo os termos do artigo 5º, §1º, através da Decisão-quadro n. 2009/299/JAI, de 26 de fevereiro de 2009.[26]

Em seus *considerandos,* a Decisão-quadro n. 2009/299/JAI dispõe que o direito do acusado de estar presente em juízo consiste no direito a um processo equitativo consagrado no artigo 6º da Convenção Européia de Direitos Humanos, de acordo com a interpretação da Corte Européia de Direitos Humanos. Portanto, cada Estado deve garantir, conforme seu direito interno, o conhecimento da imputação por parte do acusado. Todavia, tal direito de estar presente em juízo não é absoluto, pois o acusado pode renunciá-lo livremente, de forma expressa ou tácita, desde que inequívoca. Com isso, o legislador europeu, procurando harmonizar a legislação e reforçar as garantias processuais, definiu os motivos comuns que permitem denegar o reconhecimento de decisões ditadas em ausência e as condições em que não se poderá denegá-lo.[27]

Observa-se que a incorporação da interpretação dos tribunais europeus às normativas da União Européia evita o decisionismo judicial, que não contribui para o espaço de confiança mútua.

5.2 *O mandado de detenção europeu e as decisões da Corte Européia de Direitos Humanos sobre prisões cautelares (pre-trial detention) por prazo desproporcional à gravidade do delito e em condições de detenção inaceitáveis*

A Corte Européia tem levado em consideração, na análise de prisões cautelares (*pré-trial detention*) e alegação de ofensa aos artigos 3º e 5º, §3º,

[26] JO L 81 de 27.3.2009, p. 24-36.

[27] O Conselho Europeu definiu, assim, que a entrega deverá ser procedida se: a) tempestivamente, i) o acusado foi notificado pessoalmente e desse modo informado da data e do local previstos para o julgamento que conduziu à decisão, ou recebeu efetivamente por outros meios uma informação oficial da data e do local previstos para o julgamento, de uma forma que deixou inequivocamente estabelecido que tinha conhecimento do julgamento previsto, ii) foi informado de que essa decisão podia ser proferida mesmo não estando presente no julgamento; ou b) tendo conhecimento do julgamento previsto, conferiu mandato a um defensor designado por si ou pelo Estado para a sua defesa em tribunal e foi efetivamente representado por esse defensor no julgamento; ou c) depois de ter sido notificado da decisão e expressamente informado do direito a novo julgamento ou a recurso e a estar presente nesse julgamento ou recurso, que permite a reapreciação do mérito da causa, incluindo novas provas, e pode conduzir a uma decisão distinta da inicial:i) declarou expressamente que não contestava a decisão, ou ii) não requereu novo julgamento ou recurso dentro do prazo aplicável; ou d) não foi notificado pessoalmente da decisão, mas: i) será notificado pessoalmente da decisão sem demora na sequência da entrega e será expressamente informado do direito que lhe assiste a novo julgamento ou a recurso e a estar presente nesse julgamento ou recurso, que permite a reapreciação do mérito da causa, incluindo novas provas, e pode conduzir a uma decisão distinta da inicial, e ii) será informado do prazo para solicitar um novo julgamento ou recurso, constante do mandado de detenção europeu pertinente.

da Convenção Européia dos Direitos Humanos[28], as condições da detenção (carências nas condições físicas do estabelecimento) e o injustificável período prolongado da privação de liberdade em face da mínima gravidade do delito, da falta de prova de perigo ou por não se ter considerado medidas alternativas à prisão.

À guisa de exemplo, são lembrados os julgamentos *Yankov v. Bulgária* (2003), *Nevmerzhitsky vs Ukraine* (2005) *e Khudoyorov v. Rússia* (2005).

Tal entendimento encontra-se vertido na Decisão-quadro n. 2002/584/JAI.

De acordo com o artigo 1º, § 3º da Decisão-quadro n. 2002/584/JAI, os Estados membros deverão respeitar os direitos fundamentais, de tal forma que o Estado de execução poderá recusar a entrega se considerar, pelas circunstâncias do caso, que a medida resultaria numa violação dos direitos fundamentais da pessoa reclamada decorrentes de condições de detenção inaceitáveis.

Quanto ao injustificável período prolongado da custódia cautelar, não tem sido outro o encaminhamento projetado pelo Conselho Europeu senão aquele em consonância com as decisões da Corte Européia dos Direitos Humanos.

Deveras, visando promover a aplicação de medidas alternativas à prisão preventiva em face, principalmente, da mínima gravidade do delito, o Conselho Europeu editou a Decisão-quadro n. 2009/829/JAI, de 23 de outubro de 2009[29].

Referida decisão-quadro pretendeu evitar o tratamento desigual conferido aos não residentes que, em razão do risco de fuga, permaneciam em prisão preventiva no Estado de emissão do mandado de detenção europeu, a despeito da possibilidade de aplicação de medidas alternativas de controle[30].

---

[28] O artigo 3º da Convenção Européia de Direitos Humanos prevê a proibição da tortura, penas ou tratamentos desumanos ou degradantes ao passo que o artigo 5º (3) contempla o direito do preso a um julgamento em prazo razoável.

[29] JO L 294 de 11.11.2009, p. 20-40.

[30] Destacamos dentre os *considerandos* da decisão-quadro: (3) As medidas previstas na presente decisão-quadro visam reforçar a proteção do público em geral, permitindo que uma pessoa residente num Estado-Membro mas que esteja sujeita a um processo penal noutro Estado-Membro seja supervisionada pelas autoridades do Estado onde reside enquanto aguarda o julgamento. Por conseguinte, a presente decisão-quadro tem por objetivo controlar os movimentos do demandado, tendo em conta o objetivo imperioso de proteção do público em geral e o risco que constitui para o público o regime existente que prevê apenas duas alternativas: a prisão preventiva ou a ausência de fiscalização dos movimentos. Por conseguinte, as medidas reforçarão mais o direito de viver em segurança dos cidadãos que respeitam a lei.

(4) As medidas previstas na presente decisão-quadro também visam reforçar o direito à liberdade e à presunção de inocência na União Européia e assegurar a cooperação entre os Estados-Membros nos casos em que uma pessoa é sujeita a obrigações ou a medidas de controle enquanto aguarda a decisão de um tribunal. Assim, a presente decisão-quadro tem por objetivo a promoção, quando adequado, do uso de medidas não privativas de liberdade em alternativa à prisão preventiva, mesmo quando, segundo a lei do Estado-Membro em questão, não possa ser imposta *ab initio* a prisão preventiva.

Dentre as medidas alternativas de controle que poderão ser fiscalizadas pelo Estado de execução, contempla a decisão-quadro: obrigação de comunicar à autoridade competente do Estado de execução qualquer mudança de residência, especialmente para receber a notificação para comparecer em audiência ou julgamento durante o processo penal; interdição para entrar em determinados locais, sítios ou zonas definidas do Estado de emissão ou de execução; obrigação de permanecer num lugar determinado durante períodos especificados; obrigação de respeitar certas restrições no que se refere à saída do território do Estado de execução; obrigação de comparecer em determinadas datas perante uma autoridade especificada, e obrigação de evitar o contato com determinadas pessoas relacionadas com a ou as infrações alegadamente cometidas.[31]

Ressalta-se aqui, novamente, a preocupação da União Européia em manter a eficiência do reconhecimento mútuo das decisões judiciais, que só é possível de ser alcançado respeitando-se os direitos fundamentais de maneira equivalente em cada um dos territórios europeus, isto é, com a harmonização do tratamento conferido a esses direitos.

Dita proteção é alcançada de forma equilibrada seja reconhecendo-se a eficácia das decisões nacionais como meio de proteção às garantias processuais, como foi o caso das decisões do Tribunal constitucional espanhol, seja através do reconhecimento efetivo da interpretação conferida pela Corte Européia de Direitos Humanos à Convenção Européia de Direitos Humanos. Tais decisões – nacionais ou supranacionais – acabaram de alguma forma sendo vertidas às normas derivadas da legislação européia, evitando-se, a outro tanto, o decisionismo judicial em razão da normatização buscada.

---

(5) No que diz respeito à detenção de pessoas sujeitas a processo penal, existe o risco de tratamento desigual entre residentes e não residentes no Estado onde se realiza o julgamento: o não residente corre o risco de ser sujeito a prisão preventiva enquanto aguarda o julgamento, mesmo quando, em condições análogas, tal não seria o caso do residente. Num espaço europeu comum de justiça sem fronteiras internas, é necessário tomar medidas para garantir que uma pessoa sujeita a processo penal e não residente no Estado onde se realiza o julgamento não seja tratada de maneira diferente de um residente sujeito a processo penal.

31 Tais medidas poderão ser acrescidas das seguintes:

a) a interdição de exercer determinadas atividades relacionadas com a ou as infrações alegadamente cometidas, o que pode abranger uma determinada profissão ou setor profissional;

b) a inibição de conduzir um veículo;

c) a obrigação de depositar uma determinada quantia ou prestar outro tipo de garantia, o que pode ser efetuado num número especificado de prestações ou imediatamente de uma só vez;

d) a obrigação de se submeter a tratamento médico-terapêutico ou tratamento de dependência;

e) a obrigação de evitar o contato com determinados objetos relacionados com a ou as infrações alegadamente cometidas.

5.3 *Outras medidas adotadas pelo legislador europeu para o reforço dos direitos fundamentais do acusado em face do procedimento de entrega*

Em 30 de novembro de 2009, o Conselho Europeu adotou, através de Resolução, o *"Roteiro para o reforço dos direitos processuais dos suspeitos ou acusados em processos penais"*.

Considerou o Conselho da União Européia que o reconhecimento mútuo pressupõe que as autoridades competentes dos Estados membros confiem nos sistemas de justiça penal, sendo a Convenção Européia de Direitos Humanos, tal como interpretada pela Corte Européia de Direitos Humanos, uma base importante para isso.

A fim de reforçar a confiança recíproca entre Estados membros e dos cidadãos na União Européia, ressaltou o Conselho a importância – em complemento à proteção já desenvolvida no seio do sistema regional europeu à luz da Convenção Européia de Direitos Humanos – da existência de normas de proteção dos direitos processuais à escala da União Européia, devidamente implementadas e aplicadas nos Estados membros. [32]

Considerou, ademais, que os debates sobre os direitos processuais no contexto da União Européia realizados nos últimos anos não conduziram a resultados concretos. Reconheceu o avanço em matéria de cooperação judiciária e policial, na adoção de medidas que visam facilitar a instauração de processos penais. Destacou, todavia, que é agora chegado o momento de atuar no sentido de estabelecer um melhor equilíbrio entre essas medidas e a proteção dos direitos processuais dos acusados. Assim, deverão ser desenvolvidos esforços para reforçar as garantias processuais e o respeito pelo Estado de direito nos processos penais, independentemente do local da União Européia onde os cidadãos decidam viajar, estudar, trabalhar ou viver[33].

Nesse eito, o Conselho determinou como medidas prioritárias: (i) direito à interpretação e tradução; (ii) o direito à informação sobre os direitos (Carta de Direitos); (iii) o aconselhamento jurídico antes do julgamento e apoio judiciário durante o julgamento; (iv) o direito de a pessoa detida poder se comunicar com familiares, empregadores e autoridades consulares; (v) a proteção dos suspeitos vulneráveis; (vi) um Livro Verde sobre a detenção antes da fase do julgamento.

A primeira das medidas (direito à interpretação e tradução no processo penal em processos de execução de mandado de detenção europeu) previstas

---

[32] Conforme nota 8 da Exposição de Motivos da Resolução de 30 de novembro de 2009 do Conselho.

[33] Conforme nota 10 da Exposição de Motivos da Resolução de 30 de novembro de 2009 do Conselho da União Européia.

no Roteiro já está em vigor e foi adotada pela Diretiva n. 2010/64/UE do Parlamento Europeu e do Conselho de 20 de outubro de 2010[34]. Nos termos da diretiva, a fim de permitir o pleno exercício do direito de defesa (artigo 6º da Convenção Européia dos Direitos do Homem), os Estados membros de execução deverão facultar a interpretação e tradução às pessoas que não falam ou não compreendem a língua do processo e suportar os custos correspondentes.

O direito do acusado de ter acesso a um advogado, logo que fique privado da sua liberdade, e de se comunicar com um terceiro após a sua detenção, nomeadamente um familiar, empregador ou autoridade consular já foi apresentado na forma de proposta de Diretiva do Parlamento Europeu e do Conselho Europeu, a qual foi editada como Diretiva 2013/48/UE[35]

A segunda medida, relativa ao direito à informação nos processos penais, que estabelece normas mínimas acerca do direito a ser informado sobre

---

[34] JO L 280 de 26.10.2010, p. 1 7.

[35] Colhe-se da referida proposta, datada de 8 de junho de 2011: Artigo 11.º – Direito a um advogado nos procedimentos de execução do mandado de detenção europeu. 28. Este artigo reflete o mandato constante do artigo 82.º, n.º 2, do TFUE, no sentido da adoção de diretivas que estabeleçam normas mínimas «na medida em que tal seja necessário para facilitar o reconhecimento mútuo das sentenças e decisões judiciais e a cooperação policial e judiciária nas matérias penais com dimensão transfronteiriça». Melhorar o sistema relativo ao MDE é um dos princípios de base do terceiro relatório da Comissão sobre a aplicação da Decisão-Quadro relativa ao MDE[26]. Este artigo baseia-se no artigo 11.º da Decisão-Quadro 2002/584/JAI[27] relativa ao mandado de detenção europeu, que estabelece que uma pessoa detida para efeitos da execução de um mandado de detenção europeu tem direito a beneficiar dos serviços de um defensor, em conformidade com o direito nacional do Estado-Membro de execução. Esta disposição não tem por efeito comprometer o princípio do reconhecimento mútuo; nesta fase, o mérito da causa não é tratado pelo advogado no Estado-Membro de emissão, uma vez que o seu papel se limita a permitir que a pessoa objecto do mandado exerça os seus direitos ao abrigo da Decisão-Quadro. Para este efeito, a função do advogado no Estado-Membro de emissão consiste em prestar assistência e informações ao advogado no Estado-Membro de execução. O reforço da confiança mútua, essencial ao reconhecimento mútuo, passa pelo estabelecimento da obrigação de informar o Estado-Membro de emissão da detenção de uma pessoa em execução de um mandado de detenção europeu e pela melhoria da defesa dos interesses dessa pessoa através do recurso a um advogado nesse Estado que deve apoiar o advogado designado no Estado-Membro de execução, a fim de permitir à pessoa detida exercer os seus direitos da forma o mais eficaz possível neste último Estado, em conformidade com a Decisão-Quadro 2002/584/JAI do Conselho. Essa assistência pode facilitar o exercício efectivo, no Estado-Membro de execução, dos direitos consagrados na Decisão-Quadro, nomeadamente a possibilidade de invocar um motivo de não execução do MDE por força dos artigos 3.° e 4.°; por exemplo, a assistência de um advogado no Estado-Membro de emissão pode ser importante quando se trate de aduzir a prova da existência de uma sentença anterior susceptível de levar à aplicação do princípio « ne bis in idem », por força do artigo 3.°, n.° 2, da Decisão-Quadro. O procedimento de execução do MDE não será atrasado, pois o artigo 11.° não prejudica os prazos fixados na Decisão-Quadro. Pelo contrário, a participação de um advogado no Estado-Membro de emissão permitirá obter mais rapidamente o consentimento do detido relativamente à sua entrega, uma vez que este receberá informações mais completas sobre o procedimento nesse Estado e sobre as consequências desse consentimento. COMISSÃO EUROPEIA. *Proposta de Directiva do Parlamento Europeu e do Conselho Relativa ao direito de acesso a um advogado em processos penais e ao direito de comunicação após a detenção*. Disponivel em: <http://eur-lex.europa.eu/LexUriServ/LexUriServ.do?uri=COM:2011:0326:FIN:PT:PDF>. Acesso em: 25 nov. 2011.

os seus direitos e a acusação, bem como sobre o direito de acesso ao processo, também está prevista na Diretiva 2012/13/UE.[36]

Na sua Resolução sobre o Roteiro para o reforço dos direitos processuais dos suspeitos ou acusados em processos penais, o Conselho afirma que "*o tempo de detenção antes do julgamento e durante a fase do julgamento varia consideravelmente de um Estado-Membro para outro. Períodos de detenção anterior ao julgamento excessivamente prolongados são prejudiciais para a pessoa em causa, podem prejudicar a cooperação judiciária entre Estados-Membros e não traduzem os valores que inspiram a União Européia*".

O Conselho convidou então a Comissão a apresentar um Livro Verde sobre a detenção anterior ao julgamento. O presente documento – que faz parte integrante do pacote relativo aos direitos processuais – constitui a resposta da Comissão ao pedido do Conselho.[37]

O Livro Verde abrange a relação entre as condições de detenção e os instrumentos de reconhecimento mútuo, nomeadamente o mandado de detenção europeu, bem como a detenção anterior ao julgamento. Ressalta a Comissão que os problemas relativos à detenção surgem quer na fase anterior quer posterior ao julgamento. Uma autoridade judicial pode se opor à entrega em razão das inaceitáveis condições da detenção, conforme salientado anteriormente. Dito de outra forma, se a autoridade judicial tiver que analisar repetidamente as condições de detenção de um outro Estado membro, o grau de confiança é posto em causa e, consequentemente, o próprio Espaço de Liberdade, Segurança e Justiça construído.

Por fim, ainda na ordem de recomendações aos Estados membros, a Comissão elaborou um Manual do Mandado de Detenção Europeu, atualizado recentemente, em 17 de dezembro de 2010, para introduzir, com a aprovação do Conselho, o juízo de proporcionalidade na emissão do mandado de Extrai-se do Relatório da Comissão ao Parlamento e ao Conselho Europeu, de 11 de abril de 2011, sobre as condições do mandado de detenção europeu:

> A confiança na aplicação do mandado de detenção europeu tem sido posta em causa pelo problema recorrente dos mandados de detenção europeus relativos à entrega de pessoas muitas vezes procuradas por delitos menores.

---

36 Conforme EUROPEAN COMMISSION. *Proposal for a Directive of the European Parliament and of the Council on the right to information in criminal proceedings*. Disponivel em: <http://www.europarl.europa.eu/meetdocs/2009_2014/documents/com/com_com(2010)0392_/com_com(2010)0392_en.pdf>. Acesso em: 25 nov. 2011.

37 COMISSÃO EUROPEIA. *Livro Verde. Reforçar a confiança mútua no espaço judiciário europeu – Livro Verde sobre a aplicação da legislação penal da UE no domínio da detenção*. Disponivel em: http://eur-lex.europa.eu/LexUriServ/LexUriServ.do?uri=COM:2011:0327:FIN:PT:PDF>.

> Neste contexto, os debates no Conselho na sequência das conclusões das avaliações dos Estados-Membros[22] revelam que existe um consenso geral entre estes últimos que é necessário um controle da proporcionalidade para evitar que sejam emitidos mandados de detenção europeus relativos a infrações que, embora abrangidas pelo âmbito de aplicação do artigo 2.º, n.º 1[23], da decisão-quadro do Conselho relativa ao mandado de detenção europeu, não são suficientemente graves para justificar as medidas e a cooperação que a execução de um mandado de detenção europeu exige. Vários aspectos deviam ser considerados antes de emitir um MDE, nomeadamente a gravidade da infração, a duração da pena, a existência de uma abordagem alternativa menos onerosa tanto para a pessoa procurada como para a autoridade de execução, bem como uma análise custo/benefício da execução do MDE. Quando são emitidos mandados de detenção europeus nos casos em que uma medida de detenção (preventiva) seria normalmente inadequada, produz-se um efeito desproporcionado sobre a liberdade das pessoas procuradas. Além disso, um número excessivo desses pedidos pode ser dispendioso para os Estados-Membros de execução. Pode igualmente conduzir a uma situação em que as autoridades judiciárias de execução (contrariamente às autoridades emissoras) se sentem inclinadas a aplicar um critério de proporcionalidade, introduzindo assim um motivo de recusa que não é conforme com a decisão-quadro do Conselho ou com o princípio do reconhecimento mútuo em que a medida se baseia.
>
> Na sequência das recomendações do relatório final da quarta série de avaliações mútuas, o Conselho incluiu uma emenda ao manual sobre o mandado de detenção europeu em matéria de proporcionalidade. Esse relatório foi adotado pelo Conselho em Junho de 2010. O atual manual alterado define os factores a avaliar quando se emite um mandado de detenção europeu e as possíveis alternativas a considerar antes de o emitir. Se o manual alterado for seguido pelos Estados-Membros, constituirá a base para uma maior coerência no modo como o controlo de proporcionalidade deve ser aplicado. A Comissão aprova esta abordagem e convida os Estados-Membros a adotarem medidas para assegurar que os profissionais utilizem o manual alterado (juntamente com as suas eventuais normas imperativas) como orientação para a aplicação de um critério de proporcionalidade.[38]

Colhe se, por sua vez, do Manual do Mandado de Detenção quanto aos critérios de proporcionalidade a serem aplicados pela autoridade judiciária do Estado de emissão:

> Em particular, neles se deve incluir uma avaliação da gravidade da infração, a possibilidade de o suspeito ser detido, bem como a pena que

[38] v.nota 30.

> provavelmente será proferida se a pessoa procurada for considerada culpada pela alegada infração. Entre outros fatores inclui-se igualmente a garantia de proteção eficaz do público e a consideração dos interesses das vítimas da infração.
>
> Por conseguinte, **não deverá optar-se por um MDE se a medida coerciva que se afigura proporcionada, adequada e aplicável ao caso específico não for a detenção preventiva**. O mandado não deverá ser emitido, por exemplo, nos casos em que, mesmo sendo admissível a detenção preventiva, se pode optar por outra medida coerciva não privativa da liberdade – como seja o termo de identidade e residência – ou uma medida que implique e imediata libertação da pessoa após a primeira audição judiciária. Além disso, os magistrados que lidam com o MDE podem querer pôr a hipóteses de recorrer a alternativas ao MDE e procurar aconselhar-se sobre o recurso a essas alternativas. (grifos nossos)

Observamos que, a todo momento, o Conselho da União Européia procura buscar a harmonização das legislações nacionais e um padrão mínimo de proteção dos direitos fundamentais para reforçar a confiança mútua entre os Estados membros e a confiança dos cidadãos na União Européia.

Primando por tal paradigma de confiança, a União Européia promove a eficiência do instrumento de cooperação do mandado de detenção europeu, avançando, a um só tempo, na proteção das garantias processuais do acusado, ainda que no contexto do abandono da clausula da dupla incriminação, e na eficiência dos instrumentos de cooperação penal internacional.

PARTE IV - A UTILIDADE DA CLÁUSULA DA DUPLA INCRIMINAÇÃO

TÍTULO I

DA MANUTENCÃO À ABOLIÇÃO

1. NOÇÕES GERAIS

O modelo da União Européia demonstra que a utilidade da manutenção da cláusula da dupla incriminação no bojo da cooperação jurídica internacional em matéria penal pode ser questionada. Ao menos no seio da União Européia a dupla incriminação deixou de ser incontestável, passando a ser excluída para aqueles crimes previstos na decisão-quadro que instituiu o mandado de detenção europeu.

Na doutrina internacional e penal em geral, a eficácia da cláusula da dupla incriminação nos tratados é pouco discutida, tampouco seus fundamentos, sendo sempre lembrada, como se viu, como pressuposto para o deferimento da extradição, sem maiores detalhamentos.

Todavia, é possível encontrarmos questionamentos na doutrina sobre a utilidade da cláusula, principalmente na doutrina especializada sobre o assunto.

No extremo, alguns internacionalistas propõem a abolição da dupla incriminação nos tratados, a exemplo de Travers e Billot. Outros, visualizam exceções à regra. E há quem prefira sua substituição pelo conceito de ordem pública.

Sistematicamente, podemos apresentar os diferentes pontos de vista da seguinte forma: a) pela abolição da dupla incriminação; b) pela sua exclusão parcial, com a aplicação de exceções à cláusula; c) por sua substituição pela cláusula da "ordem pública".

1.1 Da abolição da dupla incriminação

Para Maurice Travers, é um erro grosseiro tratar a dupla incriminação como condição *sine qua non* para a extradição. Segundo o autor, seria o equivalente a não admitir que os Estados estrangeiros possam dar ao fato a base legal que lhe é própria. Ademais, é possível que o fato objeto do pedido estrangeiro, apesar de não ser punível, seja considerado como ilícito ou faça parte de um projeto de lei junto ao Estado requerido.[1]

---

[1] No original: "*Cela équivaut à ne pas admettre que les Etats étrangers puissent que le fait à la base du droit que leur est propre. De plus, il est possible que le fait à la base de la demande, tout en*

Albert Billot[2] entende que o fato objeto da extradição deve ser analisado nos termos da legislação do país requerente e não sob a ótica do país requerido. Para Billot, o Estado requerido não conhece do mérito do processo, sua lei penal não será a aplicada à infração e ao autor da infração. Assim, deveria o país requerido se ater a verificar se o autor do fato está sendo processado por um tribunal competente e por um fato prévio ao tratado de extradição.[3]

É similar ao que afirma Christine van den Wyngaert quando propõe a leitura do princípio da legalidade de acordo com sua "dimensão territorial" (cf. Item 4.2 do Título II da Parte I), para quem só caberia indagarmos a incriminação do fato em face da lei do local onde fora cometido, isto é, de acordo com a *lex loci delicti* ou a lei do Estado requerente.

Em verdade, o princípio da territorialidade penal deve ser confrontado com a utilidade da pena criminal, sendo conveniente que o fato seja julgado e as penas aplicadas no país em que cometido o delito.[4]

Para que o questionamento à cláusula faça sentido, precisamos identificar qual tem sido o fundamento da aplicação da dupla incriminação nos tratados sobre extradição: se razões atreladas à legalidade penal tem motivado a sua vigência ou se meras razões de soberania.

Se a dupla incriminação está sendo aplicada em face do princípio da legalidade penal, as ponderações dos doutrinadores acima citados são de grande relevo, pois, em tese, a lei que deve ser certa, prévia, escrita e estrita é a lei do local do fato criminoso, isto é, a lei do Estado requerente.

De outra parte, se o princípio da territorialidade penal está sendo aplicado como mecanismo de interpretação de que cabe ao juiz do foro somente

---

n'étant pas punissable, soit considéré comme malhonnête ou fasse l'objet d'un projet de loi en vertu de la législation de l'Etat requis.» TRAVERS, Maurice. *Le droit penal international et sa mise en ouvre en temps de paix et en temps de guerre*. Paris: Recueil Sirey, 1921. t. 4, p. 29.

2 BILLOT, A. op. cit., p. 121.

3 "*A notre avis, c'est la législation du pays requérant qui, seule, doit* être *consultée. Le pays requis n'est pas juge du fond du procès. Sa loi pénale n'est, à aucun titre, applicable à l'infraction ni à l'agent de l'infraction. Il doit se borner à vérifier, d'après les pièces produites, si le malfaiteur réclamé est poursuivi par un tribunal competent, pour un fait prévu au traité.»*

4 No original: *En relación con los fines de la pena, desde el punto de vista de la reafirmación del ordenamiento jurídico y de la prevención general es conveniente que el hecho sea juzgado y las penas aplicadas en el país en que se cometió el delito. Lo mismo cabe decir en cuanto a la prevención especial, sobre todo en relación con la corrección o enmienda del delincuente, siempre que se trate de delincuentes españoles o extranjeros domiciliados y enraizados ya en España. En otro caso sería más conveniente que el extranjero fuese juzgado y penado en su propio país. Se sacrifican, pues, aquí en cierta medida las exigencias de la prevención especial en aras de la retribución y la prevención genera*l. Interessante que o autor, no tocante à finalidade de prevenção especial da pena, ressalta a importância de o Estado julgar e reprimir os seus nacionais. CEREZO MIR, Jose. op. cit., p. 240.

decidir de acordo com o ordenamento jurídico do seu território, vemos que, longe de servir ao princípio da legalidade penal, a dupla incriminação está servindo, em verdade, para consolidar um argumento de pura soberania.

A dupla incriminação só tem importância quando serve, efetivamente, para a proteção do indivíduo.

Lembremos das palavras já citadas de Schultz para quem *"if extradition is primarily looked upon as a means of facilitating criminal proceedings in another state, it might be inferred that it is of no importance to the requested state if its law sanctions punishment of the fugitive criminal. But if the protection of the individual's rights is of paramount importance, the principle of double criminality makes sense."*[5] (p. 313),

Assim, parafraseando Schultz a cláusula da dupla incriminação merece ser abolida se estiver sendo aplicada como mero argumento de reciprocidade (ou soberania).

Por outro lado, o fundamento da dupla incriminação que serve para a proteção do indivíduo é o da legalidade penal, que, se viu, é questionado em face de sua dimensão territorial.

Logo, como diz Swart, os impedimentos para a cooperação pouco fazem ou nada fazem para proteger o indivíduo ou são supérfluos em face das novas formas de proteção dos direitos fundamentais, são meramente mantidos por razões políticas.[6]

Certamente. Os sistemas de extradição baseados na rigidez da não discussão de eventual violação, no Estado requerente, a certos direitos fundamentais, principalmente, ao devido processo legal (doutrina do *non inquiry* ou do *non inquiry* mitigado) estão fora dos padrões de proteção internacional dos direitos fundamentais.

Albin Eser, citado por Bert Swart, explica que se a idéia de se considerar o indivíduo não mais como um objeto de negociação entre dois Estados for efetivamente levada a sério, a maior parte das recusas de extradição ou condições para a extradição seriam abolidas, *"especialmente o princípio da dupla incriminação e a exceção sobre os crimes políticos. De outra parte, algumas regras, como cláusulas básicas de direitos, eventualmente teriam que ser incorporadas nos tratados de extradição."*[7]

---

[5] SCHULTZ, Hans. op. cit., v. 2, p. 313.

[6] SWART, Bert A.H.J. op. cit., p. 506.

[7] No original *"If these ideas were taken seriously the principle of double-criminality and the political offense excepticion. But some stipulations, like a basic rights cause, would eventually have to be incorporated in extradition treaties."* SWART, Bert A.H.J. op. cit., p. 505.

1.2 Da exclusão em parte – algumas exceções à cláusula da dupla incriminação

1.2.1 O modelo adotado pela União Européia

O modelo adotado pela União Européia à nova ordem de detenção apresenta-se como uma forma de exceção à dupla incriminação na medida em que exclui o seu exame para o rol de crimes que elenca no artigo 2º, §2º da Decisão-quadro n. 2002/584.

Vimos que tal modelo baseia-se no reconhecimento mútuo das decisões judiciais e na harmonização das legislações dos Estados membros, que, por sua vez, fundam-se na premissa de que existe um padrão de valores na União Européia.[8]

Se considerarmos que a idéia central do sistema europeu está baseada na equivalência de valores, a exclusão em parte da dupla incriminação poderia ser uma realidade a ser aplicada para todos os tratados multilaterais que visam prevenir e reprimir crimes transnacionais ou condutas criminosas em favor da comunidade internacional. Assim, por exemplo, excluir-se-ia do âmbito de aplicação da dupla incriminação, nos territórios dos Estados signatários, as práticas de terrorismo, genocídio, lavagem de dinheiro, corrupção, incluindo a corrupção privada e o enriquecimento ilícito[9], enfim, todas aquelas previstas em convenções internacionais.

A dupla incriminação, nesse sentido, passaria a ser aplicada com fundamento na solidariedade internacional.

Lembremos ademais que o modelo da União Européia tem se preocupado com a harmonização da proteção dos direitos fundamentais, para o melhor desempenho do próprio reconhecimento mútuo. Para isso conta com o bloco de convencionalidade representado na Convenção Européia de Direitos do Homem e na jurisprudência da Corte Européia de Direitos Humanos, bem como nas tradições constitucionais comuns dos Estados membros.

Para que o mesmo sistema fosse aplicado na seara das convenções internacionais sobre crimes transnacionais seria necessário que o julgador do

---

8 O padrão de "equivalência" foi pela primeira vez mencionado no Caso 120/78 da Corte de Justiça das Comunidades Européias, o chamado caso *Cassis de Dijonvii*. No citado julgamento, ficou assentado que o agente econômico tem o direito de colocar livremente os seus produtos e serviços nos mercados de certo Estado membro se aqueles produtos e serviços tiverem sido produzidos comercializados ou fornecidos legalmente em outro Estado membro. Parte-se da idéia que a fabricação e o controle equivalem-se no território europeu e primam pela saúde dos consumidores.

9 O enriquecimento ilícito e a corrupção privada não são crimes no Brasil.

Estado requerido ficasse atento às decisões das Cortes internacionais de direitos humanos, cuja jurisdição obrigou-se a aceitar, no caso do Brasil, à Corte interamericana de Direitos Humanos.

1.2.2 A falta de uniformidade das legislações nacionais sobre a criminalização de condutas

Swart propõe, ainda, uma outra forma de exceção à dupla incriminação.[10]

Para o autor, o princípio não pode ser interpretado de forma "monolítica", porque não são uniformes as razões para a não criminalização de certas condutas.

Assim, o Estado requerido pode deixar de criminalizar uma conduta que é crime em outro país pelas seguintes razões que o autor elenca: a) porque radicalmente não concorda com o Estado requerente quanto à responsabilização criminal de determinada conduta; exemplificamos no caso do crime de bigamia para os países onde o casamento poligâmico é permitido; b) porque possui uma visão mais liberal pelos direitos do agente criminoso para aquele fato; como, por exemplo, para os países mais liberais em que o aborto é permitido; c) porque as desvantagens para a criminalização do fato prevalecem sobre as suas vantagens, ou a efetividade da lei penal seria dificultosa dada a cultura daquela nação; e por fim, d) porque a criminalização é realmente desnecessária para certos atos que não são sérios problemas para a sociedade em face de suas características geográficas, sociais ou econômicas. Segundo Swart apenas as alíneas "a" e "b" justificariam a recusa à extradição.

Visto de outra forma, significa dizer que apenas aquelas condutas efetivamente *contrárias* ao padrão normativo cultural criminalizante de uma nação não deveriam atender o pressuposto da dupla incriminação.

Em outras palavras, foi o que o Ministro Francisco Rezek afirmou na Extradição n. 555 quando reviveu a jurisprudência da década de 70 do tribunal indicando que pela tese vigente naquela época a extradição deveria ser deferida integralmente (sem ressalvas) ainda que um dos crimes não passasse pelo crivo da dupla incriminação, se a imputação a este fosse superficial. Isto é, entendia-se que se o crime principal, ou o *sentido* de crime estivesse cumprido, a dupla incriminação estava respeitada.

De acordo com esse raciocínio estaria fora de cogitação, mais uma vez, o exame detido dos elementos constitutivos das figuras delitivas.

---

[10] Citado por GARDOCKI, Lech. Double criminality in extradition law, cit., p. 295.

Não seria o caso, ademais, de aplicação do entendimento de que as contravenções não poderiam ser objeto de pedidos extradicionais, por não constituírem crimes no significado do termo, afinal, ainda que apresentada na forma de contravenção, a conduta é contrária ao ordenamento jurídico penal não se adequando a nenhuma das hipóteses traçadas pelo citado autor.

Na mesma linha de Swart, Poncet[11] acrescenta, em crítica geral ao uso indiscriminado da cláusula sem levar-se em conta as diferentes legislações nacionais, que por mera aparência a extradição pode deixar de ser concedida, ao passo que um fato pode ser mais ou menos sério ou mais ou menos danoso num Estado do que no noutro. Dá o exemplo da contaminação da água potável, que pode ser um crime sério onde a água é escassa e ser uma simples contravenção onde é abundante.

Como diz Bassiouni ao Estado requerente não deveria interessar se o crime é mais sério ou menos sério no Estado requerido, de maior ou menor lesividade,[12] apenas se o fato é ou não punível.

1.2.3 A nacionalidade do extraditando

Conforme dissemos no item 4 do Titulo II da Parte III, a dupla incriminação poderia ser contestada em face da nacionalidade do extraditando e à luz do princípio da legalidade penal.

O nacional que, conhecendo da lei de seu país, comete intencionalmente um crime e foge para território estrangeiro não deveria receber o mesmo tratamento do estrangeiro que comete crime no exterior, para fins de exame da dupla incriminação.

Isso porque a proteção do dogma da legalidade penal só faz sentido para o caso do estrangeiro que por um curto período de tempo em terra estrangeira comete um delito e retorna para o seu país ou procura abrigo em um terceiro Estado. O desconhecimento da lei é inescusável, mas, neste caso, ele poderia alegar ofensa à dupla incriminação, daí porque lhe seria cabível a proteção da legalidade penal, ante à existência de uma lei prévia, certa e escrita.

Já ao nacional não deveria ser dado alegar o desconhecimento de sua própria lei penal. Assim, a dupla incriminação deveria ser afastada do julgamento da extradição em se tratando de nacional que foge para um território onde justamente o fato por ele cometido não é crime, pois, como afirma

---

11 PONCET, Dominique; GULLY-HART, Paul. op. cit., p. 479-480.

12 BASSIOUNI, M. Cherif. *International extradition*: United States law and practice, cit., p. 508. Para Bassiouni nem mesmo a razão pelo custo de um processo de extradição justifica a adoção do método, uma vez que atende aos interesses, apenas, do Estado requerido.

Schultz "*as long as the criminal laws of several states differ on what behavior is to be punished, the principle of double criminality must be upheld quite apart from its effect as a protection of the fugitive criminal.*"[13]

1.3 Da substituição da dupla incriminação pela cláusula da ordem pública

Para Jescheck, a dupla incriminação deveria ser substituída pela cláusula de ordem pública, visando favorecer a cooperação jurídica internacional.[14]

Segundo Jacob Dolinger, a ordem pública é o "*reflexo da filosofia sócio-política-juridica de toda a legislação, que representa a moral básica de uma nação e que atende às necessidades econômicas de cada Estado. A ordem pública encerra, assim, os planos político, jurídico, moral e econômico de todo Estado constituído.*"[15]

Para Ricardo Ramalho Almeida[16]

> No campo do direito privado interno, a ordem pública comina de nulidade os pactos privados que contrariem normas cogentes do ordenamento jurídico ou que sejam incompatíveis com os seus princípios fundamentais. No direito internacional privado, a ordem pública atua como uma salvaguarda do ordenamento jurídico interno, retirando a eficácia e impedindo a produção de efeitos de leis, atos e sentenças provenientes do exterior, que seja incompatíveis com princípios fundamentais da estrutura sócio-política-jurídica do foro.

O conceito de ordem pública, no entanto, é extremamente aberto para substituir a cláusula da dupla incriminação, muito mais quando estamos diante de argumento de legalidade penal.

Por ser um conceito aberto, a aplicação da ordem pública pode levar ao decisionismo judicial, o que não é bom nem para o garantismo, isto é, para a proteção do extraditando, nem para a cooperação internacional.

2. EXTRADIÇÃO SEM A DUPLA INCRIMINAÇÃO À LUZ DOS DIREITOS FUNDAMENTAIS DO EXTRADITANDO E DAS VÍTIMAS

De todo o exposto, podemos reunir algumas conclusões sobre a utilidade da cláusula da dupla incriminação.

---

13 SCHULTZ, Hans. op. cit., v. 2, p. 313.

14 Apud GARDOCKI, Lech. Double criminality in extradition law, cit., p. 295.

15 DOLINGER, Jacob. *Direito internacional privado*: teoria e prática brasileira. Rio de Janeiro: Renovar, 2011.

16 ALMEIDA, Ricardo Ramalho. *Arbitragem comercial internacional e ordem pública.* Rio de Janeiro: Renovar, 2005. p. 332.

Primeiramente, a dupla incriminação merece ser abolida quando utilizada como mero argumento de soberania ou reciprocidade.

Recordemos que a dupla incriminação, doutrinariamente, baseia-se em três fundamentos: reciprocidade ou soberania, solidariedade e legalidade.

Nos dias atuais, onde a cooperação internacional é ferramenta imprescindível de combate ao crime transnacional, o desafio maior é conciliar os interesses da vítima e do Estado requerente com os interesses do extraditando. Nessa toada, não existe espaço para o Estado requerido impor suas decisões por mero argumento de soberania.

Por isso, devemos nos atentar para o fato de, na prática, a legalidade penal ser sempre utilizada como fundamento para a dupla incriminação, a despeito de, no fundo, razões de soberania embasarem o seu cabimento.

Assim entendemos que ocorre quando o Estado requerido não se restringe a analisar a dupla incriminação sob o aspecto da existência ou não de crime perante a legislação pátria, adentrando na seara da interpretação da lei penal aplicável ao caso, juízo que deveria ser feito pelo tribunal competente do local dos fatos.

A pesquisa desenvolvida revelou que a Corte brasileira, desde 1988[17], assume essa postura quanto à prática da aplicação do princípio da consunção penal, quando julga absorvidas, por exemplo, condutas relativas a crimes de falsidades em delitos de estelionatos[18], invasão de domicílio no furto perpetrado[19] ou lesão corporal na consecução do crime de roubo.[20]

Devemos lembrar que, nestes casos, os fatos relativos às normas penais em aparente conflito são *crimes* perante a legislação brasileira e apenas por uma construção jurisprudencial prevalece uma norma pela outra, juízo que, a nosso ver, deveria ser reservado ao Estado brasileiro.

Da mesma forma, entendemos que apenas razões de soberania justificam o exame detido dos elementos constitutivos do crime objeto do pedido de extradição, que acaba gerando o indeferimento da extradição pela falta

---

17 Não é demais salientar que foi a data de corte da presente pesquisa.

18 A que são exemplos as Extradições n. 931/Portugal, 1125/Suíça, n. 1206/Polônia.

19 Ext. 606 – Suíça.

20 Ext. 1124-3/Suíça. Do universo de julgamentos do Supremo Tribunal Federal analisados, em 12 deles foi aplicado o entendimento brasileiro a respeito do conflito aparente de normas penais, notadamente o princípio da consunção, conforme Anexo III deste trabalho. Na Extradição n. 654 chegou-se a adentrar no mérito do caso. Estavam em discussão os crimes de incêndio provocado e homicídio em primeiro grau de 4 agentes do Corpo de Bombeiros dos Estados Unidos da América. As mortes ocorreram enquanto se tentava conter o incêndio provocado pelo extraditando para a percepção de vantagem financeira; entendeu a Corte brasileira que se tratava de crime único de incêndio. Na nossa visão, se havia uma inflação acusatória no caso – porquanto o agente não tinha intenção de matar os bombeiros – cabia ao Tribunal competente dos Estados Unidos da América corrigir o erro.

de correspondência legal, a despeito de a percepção do comportamento ser proibida.[21]

Exemplos característicos da hipótese são os delitos de *conspiracy* para os Estados Unidos da América[22] e inobservância de contabilização obrigatória no contexto pré-falimentar e insolvência para a Alemanha.[23]

No caso do delito de conspiração, conforme já mencionado, os pedidos de extradição dos Estados Unidos da América são costumeiramente indeferidos pela ausência de elemento formal do tipo brasileiro de associação criminosa (art. 288, do Código Penal), qual seja, a presença de três pessoas ou mais. No tocante à Lei Alemã de Sociedade Comercial Limitada, existe o crime de inobservância de contabilização obrigatória, o qual guarda correspondência ao tipo penal previsto no art. 186, VI da Lei de Falência brasileira, segundo entendimento do Supremo, se no contexto dos fatos, tiver sido decretada formalmente a falência pelo juízo alemão.

Em ambos os casos os pedidos de extradição foram indeferidos porque se realizou o exame acurado dos tipos, à procura de correspondência legal quase que precisa na legislação brasileira, a despeito do conjunto dos fatos revelar que os comportamentos eram contrários aos deveres normativos penais que conduzem à percepção do que é ou não proibido.

Exigiu-se, em verdade, nestes casos, que o Estado requerente tivesse o mesmo padrão normativo do direito brasileiro, como se os ordenamentos jurídicos nacionais pudessem um dia ser idênticos ou universal.[24]

Prova disso, em relação ao delito de associação criminosa, é que a legislação brasileira já mudou muito nos últimos tempos, já tendo previsto, no mínimo, 4 pessoas para o cometimento da modalidade, atualmente, exigindo 3 pessoas para o crime previsto no art. 288, do Código Penal, e ainda sobre o delito de tráfico de drogas ao criminalizar a modalidade de menos de 4 pessoas (art. 35 da Lei n. 11. 343/2006). Isto é, se o legislador nacional pode modificar ou criar modalidades delitivas dentro de um espectro de proibição aceitável para o direito brasileiro, a exigência da adequação exata

21 De acordo com a pesquisa realizada, o principal fundamento para o indeferimento de pedidos de extradição reside na falta de correspondente legal na legislação brasileira, conforme Anexo III deste trabalho.

22 Ext. 761.

23 Ext. 665.

24 É de se ver que nem mesmo no ambiente comunitário da União Européia a pretensão pela harmonização legislativa chega a esse extremo. Não é à toa que a dupla incriminação foi abolida para aqueles crimes que mais se aproximavam de valores comuns, procurando a União Européia, no atual estágio, ao contrário de avançar na harmonização legislativa penal, buscar por um padrão de direito processual penal, em face das garantias já salvaguardadas no espaço de proteção regional dos direitos humanos.

dos elementos do tipo ao Estado estrangeiro é excessiva frente ao sentido de dupla incriminação.

A gênese da dupla incriminação repele o pedido de extradição infundado, ou seja, a solicitação estrangeira baseada em fato irrelevante ou que consiste em fato que, culturalmente, está fora do padrão de proibição penal do país.

É verdade que a maior parte das solicitações estrangeiras fundadas em fatos irrelevantes ou evidentemente atípicos sequer são judicializadas. Isso porque, a troca de informações entre as autoridades judiciárias e administrativas, no caso brasileiro, responsáveis pela formalização do pedido de extradição, aparam as arestas necessárias, elucidam o funcionamento do direito brasileiro, e evitam a formalização de pedidos dessa natureza.

Nem por isso, todavia, as demandas que passam ao crivo da Corte brasileira, após a fase administrativa de seu recebimento, merecem ser compelidas ao exame detalhado do pedido, fato por fato, para justificar, afinal, a existência da dupla incriminação.

É possível fazer um juízo do que é proibido sem atrelar ao exame minucioso dos elementos constitutivos do delito. Existem tratados assinados pelo Brasil (conforme Seção 2.2., Titulo I da Parte II deste trabalho) que explicitam o sentido da dupla incriminação aqui defendido, isto é, não significando o exame dos elementos constitutivos do crime. A Resolução n. 45/116 da Assembléia-Geral da ONU também recomenda a adoção dessa noção de dupla incriminação, conforme já tivemos a oportunidade de expor.

Com isso, queremos dizer que a análise detida dos elementos constitutivos do delito favorece a condução dos julgamentos à vertente da imposição do entendimento brasileiro e, consequentemente, condiciona o processo penal na origem.

Esse tipo de condicionamento do processo penal no processo de extradição, no nosso entendimento, deve ser evitado, pois demonstra desconfiança, próprio de uma pauta soberana, como se o Estado requerente fosse incapaz de executar um justo juízo sobre os fatos.[25]

Como o principal fundamento para o indeferimento dos pedidos de extradição apresentados ao Brasil reside na falta de correspondência legal na legislação penal brasileira, a maior parte em razão do escrutínio realizado sobre os elementos do crime, haveria, evidentemente, uma mudança de paradigma, de mais cooperação, caso fosse outro o posicionamento do Supremo Tribunal Federal.

[25] Veja-se, a propósito a Ext. 654/EUA mencionada na nota de rodapé 325.

A partir daí podemos dizer que dupla incriminação só tem sentido quando encerra-se no fundamento na legalidade penal e, ainda assim, com ressalvas a esse entendimento.

A legalidade penal, como já se disse, deve ser interpretada sob a ótica de sua dimensão territorial. A lei prévia, certa e estrita é a lei do local dos fatos. O tipo penal precisa ser determinativo de um comando normativo de não fazer, ser explícito quanto ao dever normativo, para que seu preceito secundário (pena) alcance a finalidade da prevenção geral positiva no âmbito territorial de um determinado Estado. Quanto mais a lei prévia for certa e estrita menos o sujeito de direito será surpreendido com o exercício do poder estatal.

No processo de extradição, a legalidade penal deve-se circunscrever à gênese da dupla incriminação. Se a dupla incriminação pretende repelir o pedido de extradição infundado, baseado em fato irrelevante ou que, culturalmente, está fora do padrão de proibição penal do país, a legalidade penal circunscreve-se à análise desses fatos.

Por isso, a exigência da bilateralidade na incriminação dos fatos, isto é, a exigência de ser o fato um crime perante as legislações dos Estados requerente e requerido deve servir à proteção do indivíduo que, em tese, escapa à comunicação desse comando normativo penal e que se fragiliza perante um sistema normativo penal que, em realidade, causa-lhe surpresas.

Assim, o sistema da dupla incriminação deve proteger o indivíduo que, por exemplo, desconhece que é crime na Alemanha e em Portugal o uso abusivo de cartão de crédito (quando excedido o limite respectivo)[26], ou que conduzir veículo sem habilitação é crime na Alemanha[27], ou que o mero consumo sem pagamento é crime na Suíça[28], e que viaja a esses territórios, incorre nesses crimes e retorna a seu Estado de origem.

Portanto, tal como se afirmou no item 1.2.3 acima, a dupla incriminação deveria ser afastada do julgamento da extradição quando se trata de nacional que foge para um território onde justamente o fato por ele cometido não é crime.

A insistência da exigência da dupla incriminação mesmo nos casos de nacionais que fogem do país incita a impunidade e não está de acordo com a legalidade penal, ao contrário, a negativa da cooperação ao Estado estrangeiro nestes casos funda-se, igualmente, em razões de reciprocidade, pois resume-se ao argumento de que "não se extradita porque em condições iguais não se poderia requerer pedido da mesma espécie".

---

[26] Ext. 717 e 1200.

[27] Ext. 717.

[28] Ext. 900.

Somente com a aplicação do modelo de justificativa proposto a dupla incriminação será exercida respeitando-se o equilíbrio que deve ocorrer na condução das relações internacionais, devendo obediência aos princípios de cooperação entre os povos e o da promoção dos direitos humanos.

O atual modelo adotado pelo Estado julgador brasileiro não está servindo verdadeiramente à proteção do extraditando, uma vez que a forma alargada de se analisar a dupla incriminação – com o exame de todos os elementos do crime - não tem obstado a entrega do extraditando. Tampouco impede que ofensas a outras garantias, muito mais importantes ao extraditando, sejam evitadas. Ao revés, observou-se que a dupla incriminação tem servido inclusive de fundamento para não se analisar direitos fundamentais de notória relevância ao extraditando, como o cumprimento da garantia do devido processo legal no Estado requerente.

Ao mesmo tempo, tal modelo é extremamente restritivo do direito de acesso à Justiça pela vítima (através da propositura da ação de extradição), pois pode servir ao estímulo da impunidade.

Em conclusão, o atual modelo adotado pelo Estado brasileiro no julgamento das ações de extradição no tocante ao cabimento da dupla incriminação não serve nem para a proteção a contento dos direitos fundamentais do extraditando, nem reforça a cooperação jurídica internacional, tampouco demonstra ser o adequado sob a perspectiva do direito da vitima de acesso à Justiça.

CONCLUSÃO

A presente pesquisa teve por escopo encontrar um significado para a cláusula da dupla incriminação exigida nos tratados de extradição firmados pelo Brasil.

A fim de evitar a repetição de conclusões que foram desenvolvidas ao longo do texto, apresenta-se aqui as principais idéias que surgiram em torno do objetivo deste trabalho:

1. A dupla incriminação como condição para a extradição está relacionada à incriminação do comportamento segundo a lei doméstica (*lex fori*), isto é, o tribunal que examina o pedido de extradição (Estado requerido) deve analisar se o comportamento criminoso objeto do pedido é punível segundo suas próprias leis.

2. Na atual sociedade globalizada, a supressão das fronteiras comerciais e a velocidade das informações acercaram os limites territoriais, deram origem e fomentaram várias hipóteses delitivas em que os Estados necessitam de ajuda estrangeira para executar sua jurisdição. A extradição é um dos veículos que se apresentam para o exercício da cooperação jurídica internacional.

3. A dupla incriminação nasceu nos primeiros tratados de extradição voltados à figura do criminoso comum. Classifica-se em dupla incriminação *em abstrato* e dupla incriminação *em concreto.* A dupla incriminação *em abstrato* corresponde ao significado usualmente conhecido, isto é, o fato constante da solicitação de extradição deve constituir um crime perante ambas as legislações, do Estado requerente e do Estado requerido. A dupla incriminação em concreto é muito mais que um exame em abstrato sobre ser o crime punível pelas leis de ambos os Estados, isto é, não é suficiente que o crime seja punível "nos livros"; o juiz deve também analisar os elementos que, nas circunstâncias concretas, justificam ou excusam o ato ou fazem a persecução impossível.

4. A dupla incriminação *em abstrato* tem sido adotada preferencialmente pelos Estados, em razão da complexidade do exame da dupla incriminação *em concreto,* altamente discutível em virtude dos diferentes ordenamentos jurídicos e das diversas formas nacionais de se analisar o conceito de crime.

5. Ademais, a Assembleia-Geral da Nações Unidas através da Resolução 45/116, de 14 de Dezembro de 1990, na qual adotou um Modelo de

Tratado de Extradição, expressamente afasta a conveniência de se comparar os elementos constitutivos dos crimes entre as legislações dos Estados, requerente e requerido[1], recomendando que na definição dos crimes extraditáveis não se deve considerar a diferença de terminologia, ou se os crimes são da mesma categoria, bem assim, se os elementos constitutivos das leis dos Estados Partes se diferem, pois a totalidade dos atos e omissões apresentados pelo Estado requerente como crime é que devem considerados.

6. Os doutrinadores costumam discorrer sobre a dupla incriminação sem maiores detalhes acerca das razões que levam os Estados a inserirem tal condição nos tratados e na lei interna sobre extradição. São fundamentos da dupla incriminação: legalidade penal, reciprocidade e solidariedade internacional.

7. Na relação extradicional existe uma pluralidade de interesses envolvidos. Por um lado, os interesses do extraditando, enquanto acusado ou réu em ação penal em curso ou finda no Estado requerente, por outro, os interesses da vítima ou vítimas dos delitos cometidos, em tese, pelo extraditando, e também por fim, o ânimo persecutório do Estado requerente, que tem o dever de aplicar a Justiça e promover a segurança pública em seu território.

8. A relação extradicional deve servir, a um só tempo, à promoção da cooperação entre os povos (na forma da cooperação jurídica internacional), atentando-se ao respeito aos interesses do Estado estrangeiro, e, de forma equilibrada, à proteção dos direitos fundamentais da vítima e do extraditando.

9. A dupla incriminação hoje não está servindo nem como causa de proteção dos direitos fundamentais, nem para reforçar a cooperação jurídica internacional, tampouco para garantir o direito da vitima de acesso à Justiça.

---

1 Sua função é auxiliar os Estados na elaboração dos tratados. UNODC. Disponível em: <www.unodc.org/documents>.

REFERÊNCIAS

ABADE, Denise Neves. *Direitos fundamentais na cooperação jurídica internacional:* extradição, assistência jurídica, execução de sentença estrangeira e transferência de presos. São Paulo: Saraiva, 2013.

______. Persecução penal contemporânea dos crimes de colarinho branco: os crimes contra o sistema financeiro nacional e assistência legal internacional. In: ROCHA, João Carlos de Carvalho et al. (Coords.). *Crimes contra o sistema financeiro nacional.* Belo Horizonte: Del Rey. 2006.

ACCIOLY, Hildebrando. *Tratado de direito internacional público.* São Paulo: Quartier Latin, 2009. v. 1.

______; CASELLA, Paulo Borba; SILVA, G. E. do Nascimento e. *Manual de direito internacional público.* São Paulo: Saraiva, 2008.

ACQUARONE, Appio Claudio. *Tratados de extradição*: construção, atualidade e projeção do relacionamento bilateral brasileiro. Brasília: Instituto Rio Branco, Fundação Alexandre de Gusmão, 2003.

ALEXY, Robert. *Teoria de los derechos fundamentales.* Madrid: Centro de Estudios Políticos y Constitucionales, 2007.

ALMEIDA, Paulo Roberto de. *O estudo das relações internacionais do Brasil.* São Paulo: Saraiva, 2000.

ALMEIDA, Ricardo Ramalho. *Arbitragem comercial internacional e ordem pública.* Rio de Janeiro: Renovar, 2005.

ALSTON, Philip et al. *The EU and human rights.* Oxford: Oxford University Press, 1999.

AMARAL JUNIOR, Alberto do. *Introdução ao direito internacional público.* São Paulo: Atlas, 2008.

AMBOS, Kai. *Direito penal: fins da pena, concurso de pessoas, antijuridicidade e outros aspectos.* Porto Alegre: Fabris, 2006.

______. The international criminal court and the tradicional principles of international cooperation in criminal matters. In: THE FINNISH Yearbook of International Law. Holanda: Martinus Nijhoff, 1998. v. 9.

ANTOLISEI, Francesco. *Manual de derecho penal*: parte general. Bogotá: Temis, 1988.

ARANGÜENA FANEGO, Coral et al. *Cooperación judicial penal en la Unión Europea*: la orden europea de detención y entrega. Valladolid: Lex Nova, 2005.

ARAÚJO, Nádia. *Cooperação jurídica internacional no Superior Tribunal de Justiça:* comentários à Resolução nº 9/2005. Rio de Janeiro: Renovar, 2010.

ARAÚJO JUNIOR, João Marcello de. La extradición. In: CURSO de cooperación penal internacional. Montevideo: Carlos Alvarez, 1994.

______. *Introdução à teoria geral do direito penal internacional.* Curitiba: JM Editora, 1999. (Ciência Penal, Coletânea de Estudos).

ARROYO ZAPATERO, Luis. *La orden de detención y entrega europea.* Cuenca: Ediciones de la Universidad de Castilla-La Mancha, 2006.

BANTEKAS, Ilias; NASH, Susan. *International criminal law.* 2. ed. London: Cavendish, 2003.

BAPTISTA, Luiz Olavo et al (Coord). *O direito internacional no terceiro milênio*: estudos em homenagem ao Prof. Vicente Marotta Rangel. São Paulo: LTr, 1998.

BARBE, Emmanuel. *El principio de doble incriminación.* Publicaciones del Portal Iberoamericano de las Ciencias Penales. Instituto de Derecho Penal Europeo e Internacional, 2006. Disponível em: <www.cienciaspenales.net>. Acesso em: 13 out. 2001.

BARRAL, Welber. *Tribunais internacionais.* Florianópolis: Fundação Boiteux, 2004.

BASSIOUNI, M. Cherif. *Crimes against humanity*: historical evolution and contemporary application. New York: Cambridge, 2011.

______. El derecho penal internacional: historia, objeto y contenido. *Anuário de Derecho Penal y Ciencias Penales,* Madrid, serie 1, n. 3, p. 5-14, 1982.

______. *International extradition*: United States law and practice. 5. ed. New York: Oxford University Press, 2007.

______. Two models of extradition in law and practice. In: BASSIOUNI, M. Cherif (Ed.). *A treatise on international criminal law*: jurisdiction and cooperation. Illinois: Charles C Thomas, 1973. v. 2, p. 347-406.

BASSIOUNI, M. Cherif. The United States model. In: BASSIOUNI, M. Cherif (Ed.). *International criminal law*: procedure. New York: Transnational Publishers, 1986. v. 2, p 405-458.

______ (Ed.). *International criminal law*: procedure. New York: Transnational Publishers, 1986. v. 2.

BASSO, Maristela. *Curso de direito internacional privado.* São Paulo: Atlas. 2011.

BECCARIA, Cesare. *Dei delitti e delle penne.* Tradução de Juan Antonio de Las Casas. Madrid: Alianza Editorial, 2002.

BECHARA, Fábio Ramazzini. *Cooperação jurídica internacional em matéria penal.* São Paulo: Saraiva, 2011.

BERDUGO, Ignácio et al. *Curso de direito penal*: parte geral. Barcelona: Experiência, 2004.

BERNAL PULIDO, Carlos. *El principio de proporcionalidad y los derechos fundamentales.* Madrid: Centro de Estudios Politicos y Constitucionales, 2003.

BILLOT, A. Traité *de l'*extradition *suivi d'un recueil de documents etrangers et dês conventions d'extradition.* Paris: E. Plon, 1874.

BITENCOURT, Cezar Roberto. *Tratado de direito penal*: parte geral. São Paulo: Saraiva, 2012.

BODIN, Jean. Os Seis Livros da República. Livro Primeiro. Tradução de José Carlos Orsi Morel. São Paulo: Ícone, 2001 (Coleção Fundamentos do Direito).

BRIGGS, Artur. *Cartas rogatórias internacionais*. Rio de Janeiro: Imprensa Nacional. 1913.

BRITISH-AMERICAN Diplomacy. The Webster-Ashburton Treaty. Disponível em: <http://avalon.law.yale.edu/19th_century/br-1842.asp>.

BUSTOS RAMIREZ, Juan J. *Lecciones de derecho penal*: parte geral. Madrid: Trotta, 1997. t. 1.

CARBONELL MATEU, Juan Carlos. *Derecho penal*: conceptos y princípios constitucionales. Valencia: Tirant lo Blanc, 1999.

CARNEIRO, Camila Tagliani. *A extradição no ordenamento jurídico brasileiro*. São Paulo: Memória Jurídica Ed., 2002.

CARVALHO RAMOS, André de. *Direitos humanos na integração econômica*: análise comparativa da proteção dos direitos humanos e conflitos jurisdicionais na União Européia e Mercosul. Rio de Janeiro: Renovar, 2008.

______. *Processo internacional de direitos humanos*. São Paulo: Saraiva, 2012.

______. *Teoria geral dos direitos humanos na ordem internacional*. São Paulo: Saraiva, 2012.

______; RODRIGUES, Gilberto; ALMEIDA, Guilherme Assis de (Orgs). *60 anos de ACNUR*: perspectivas de futuro.São Paulo: Ed. Cl-A Cultural, 2011.

CASELLA, Paulo Borba. *Direito internacional no tempo medieval e moderno até Vitória*. São Paulo: Atlas, 2012.

______. *Fundamentos do direito internacional pós-moderno*. São Paulo: Quartier Latin, 2008.

______. *União Européia*: instituições e ordenamento jurídico. São Paulo: LTr, 2002.

CASSESE, Antonio. *International criminal law*. Oxford: Oxford, 2008.

______. *The Oxford companion to international criminal justice*. Oxford: Oxford University Press, 2009.

______. *The Oxford companion to international criminal justice*. 2. ed. Oxford: Oxford University Press, 2008.

CATELANI, Giulio; STRIANI, Daniele. *L'estradizione*. Milano: Giuffrè, 1983.

CEREZO MIR, Jose. *Curso de derecho penal español*: parte general. Madrid: Tecnos, 2006.

CERVINI, Raúl; Juarez Tavares. *Princípios de cooperação judicial penal internacional no Protocolo do Mercosul*. São Paulo: Ed. Revista dos Tribunais. 2000.

COMISSÃO EUROPEIA. *Livro Verde. Reforçar a confiança mútua no espaço judiciário europeu - Livro Verde sobre a aplicação da legislação penal da UE no domínio da detenção*. Disponivel em: http://eur-lex.europa.eu/LexUriServ/LexUriServ.do?uri=COM:2011:0327:FIN:PT:PDF>.

COMISSÃO EUROPEIA. *Proposta de Directiva do Parlamento Europeu e do Conselho Relativa ao direito de acesso a um advogado em processos penais e ao direito de comunicação após a detenção*. Disponivel em: <http://eur-lex.europa.eu/LexUriServ/LexUriServ.do?uri=COM:2011:0326:FIN:PT:PDF>. Acesso em: 25 nov. 2011.

CONVENÇÃO INTERAMERICANA SOBRE EXTRADIÇÃO OS ESTADOS MEMBROS DA ORGANIZAÇÃO DOS ESTADOS AMERICANOS. Disponível em: <http://www.oas.org/juridico/portuguese/treaties/B-47.htm>. Acesso em: abr. 2012.

COUNCIL OF EUROPE. Disponível em: <http://conventions.coe.int/Treaty/Commun/QueVoulezVous.asp?NT=024&CM=1&DF=27/06/2012&CL=ENG>. Acesso em: jun. 2012.

CRYER, Robert et al. *An introdution to international criminal law and procedure.* Cambridge: Cambridge, 2010.

CUERDA RIEZU, Antonio. La extradición y la orden europea de detención y entrega. *Cenipec*, Mérida, v. 1, n. 25, p.41-60, 23 maio 2006.

D'AUMERIES, Sonja Gafner. *Principle de la double incrimination :* en particulier dans les rapports d'entraide judiciaire internationale en matière pénale entre la Suisse et les Etats-Unis. Genève: Faculté de Droit de Genève; Helbing &Lichtenhahn, 1992.

DALLARI, Dalmo de Abreu. *O futuro do Estado.* São Paulo: Saraiva, 2007.

DALLARI, Pedro. *Constituição e tratados internacionais.* São Paulo: Saraiva, 2012.

DE FROUVILLE, Olivier. *El droit international pénal*: sources incriminations responsabilité. Paris: A. Pedone, 2012.

DE LA CUESTA, José Luis; BLANCO CORDEIRO, Isidoro (Eds.). *Resoluciones de los Congresos de la Asociación Internacional de Derecho Penal (1926-2009), n. 23.* Paris: AIDP/IAPL, 2012.

DEL'OLMO. Florisbal de Souza. *A extradição no alvorecer do século XXI.* Rio de Janeiro: Renovar, 2007.

DELMAS-MARTY, Mireille *Política criminal.* Madrid: Colex, 2001.

______; CASSESE, Antonio. *Crimes internacionais e jurisdições internacionais.* Barueri: Manole, 2004.

DIREITO Virtual. *Dicionário jurídico.* Disponível em: <http://www.direitovirtual.com.br/?section=dicionario_portugues-inicial&termo=I>. Acesso em: maio 2012.

DOLINGER, Jacob. *Direito internacional privado*: teoria e prática brasileira. Rio de Janeiro: Renovar, 2011.

DONNEDIEU DE VABRES, Henri. *Les principles modernes du droit pénal international.* Paris: Sirey, 1928.

______. *Traitê elémentaire de droit criminel.* Paris: Librãirie Du Recueil Sirey, 1932.

DOTTI, René de Ariel. *Curso de direito penal*: parte geral. Rio de Janeiro: Forense, 2001.

DUNLAP, William V. Dual criminality in penal transfer treaties. *Virginia Journal of International Law*, v. 29, n. 4, p. 813-858, Summer 1989. Disponível em: <www.heinonline.org>. Acesso em: 20 jul. 2011.

ESER, Albin; LAGODNY, Otto (Eds.). *Principles and procedures for a new transnational criminal law*: documentation of an international Workshop in Freiburg, May 1991. Freiburg im Breisgau: Max-Planck-Inst. für Ausländisches und Internationales Strafrecht, 1992.

EUR-Lex. *Council Framework Decision*. Disponível em: <http://eurlex.europa.eu/Notice.do?val=274416:cs&lang=pt&list=570114:cs,465624:cs,452016:-cs,420933:cs,395474:cs,286347:cs,278482:cs,274416:cs,&pos=8&page=1&nbl=8&pgs=10&hwords=mandado%20de%20detenção%20europeu~&checktexte=checkbox&visu=#texte>.

______. Disponível em: <http://eur-lex.europa.eu/LexUriServ/LexUriServ.do?uri=CELEX:41996A10202):PT:HTML>.

______. Disponível em: <www.eur-lex.europa.eu>.

EUROPEAN COMMISSION. *Proposal for a Directive of the European Parliament and of the Council on the right to information in criminal proceedings*. Disponivel em: <http://www.europarl.europa.eu/meetdocs/2009_2014/documents/com/com_com(2010)0392_/com_com(2010)0392_en.pdf>. Acesso em: 25 nov. 2011.

EXTRADITION Act. Disponível em: <http://www.legislation.gov.uk/ukpga/Vict/36-37/60/contents>.

FERRAJOLI, Luigi. *Direito e razão*: teoria do garantismo penal. Tradutores Ana Paula Zomer et al. 2. ed. rev. e ampl. São Paulo: Ed. Revista dos Tribunais, 2006.

______. *A soberania no mundo moderno*. São Paulo: Martins Fontes: 2007.

FEUERBACH, Paul Johann Anselm Ritter von. *Tratado de derecho penal común vigente en Alemania:* parte general. Tradução Eugenio Raúl Zafaroni e Irma Hagemeier. Buenos Aires: Hamurabi S.R.L., 1989.

FISCHER, Horst et al. *International and national prosecution of crimes under international law*: current developments. Berlim: Berlin Verlag Arno Spitz, 2001.

GALLANT, Kenneth S. *The principle of legality in international and comparative criminal law.* New York: Cambridge, 2010.

GARDOCKI, Lech. Double criminality in extradition law. Israel Law Review, v. 27, p. 288-296, 1993. Disponível em: <www.heinonline.org>. Acesso em: 14 dez. 2011.

______. The socialist system. In: BASSIOUNI, M. Cherif (Ed.). *International criminal law*: procedure. New York: Transnational Publishers, 1986. v. 2.

GORAIEB, Elizabeth. *A extradição no direito brasileiro*. Rio de Janeiro: Mauad. 1999.

GROTIUS, Hugo. *O direito da guerra e da paz (De Jure Belli AC Pacis)*. Tradução de Ciro Mioranza. Ijuí: Ed. Unijuí, 2005. v. 2.

HÄBERLE, Peter. *Estado constitucional cooperativo*. Rio de Janeiro: Renovar. 2007.

HAFEN, Jonathan. International extradition: issues arising under the dual criminality requirement. Brigham Young University Law Review, v. 191, 1992. Disponível em: <www.heinonline.org>. Acesso em: 17 dez. 2011.

HASSEMER, Winfried. *Direito penal*: fundamentos, estrutura, política. Porto Alegre: Sérgio Antonio Fabris Editor, 2008.

______. *Fundamentos del derecho penal*. Trad. Francisco Munoz Conde e Luiz Arroyo Zapatero. Barcelona: Bosch, 1984.

HERRERA PETRUS, Christian. *La obtención internacional de pruebas*: asistencia jurisdiccional en Europa. Bolonha: Publicaciones Del Real Colégio de España, 2005.

HOBSBAWM, Eric J. *Nações e nacionalismo*. 5. ed. São Paulo: Paz e Terra, 2008.

HUDSON, Manley O. The factor case and double criminality in extradition. *The American Journal of International Law,* v. 28, n. 2, Apr., p. 274-306, 1934. Disponível em: <www.jstor.org>. Acesso em: 14 mar. 2012.

JAKOBS, Günther. *La pena estatal*: significado y finalidade. Tradução de Manuel Cancio Meliá e Bernardo Feijoo Sanchez. Madrid: Thomson Civitas, 2006.

JAPIASSU, Carlos Eduardo Adriano. *O Tribunal Penal Internacional*: a internacionalização do direito penal. Rio de Janeiro: Lumen Júris, 2004.

JAREBORG, Nils (Ed.). *Double criminality*: studies in international criminal law. Uppsala: Iustus Förlag, 1989.

JESCHECK, Hans-Heinrich. O objeto do direito penal internacional e sua mais recente evolução. *Revista de Direito Penal,* n. 6, p. 7-20, abr./jun. 1972.

______. *Tratado de derecho penal*: parte general. Barcelona: Bosch, Casa Editorial, 1981.

JESUS, Damásio E. de. *Direito penal*: parte geral. São Paulo: 2010. v. 1.

JOUTESEN, Matti. International instruments on cooperation in responding to transnational crime. In: REICHEL, Philip (Ed.). *Handbook of transnational crime & justice*. London: Sage Publications, 2004. p 255-274.

LAFER, Celso. Declaração Universal dos Direitos Humanos (1948). In: MAGNOLI, Demétrio (Coord.). *A história da paz*. São Paulo: Contexto, 2008.

LISBOA, Carolina Cardoso Guimarães. *A relação extradicional no direito brasileiro*. Belo Horizonte: Del Rey, 2001.

LOWE, Vaughan. Jurisdiction. In: EVANS, Malcolm D. (Ed.). *International law*. 1. ed. Oxford Press, 2003. p. 329-355.

LUZON PENA, Diego-Manuel. *Curso de derecho penal*: parte general. Madrid: Universitas, 2004. v. 1.

MACHADO, Maira Rocha. *Internacionalização do direito penal*: a gestão de problemas internacionais por meio do crime e da pena. São Paulo: Direito GV; Ed. 34, 2004.

MACIEL, Anor Bultler. *Extradicão internacional.* Rio de Janeiro: Departamento de Imprensa Nacional, 1957.

MADRAZ RIVAS, Enrique. *La soberania*: la evolución del concepto hacia una perspectiva internacional. Madrid: Dykinson, 2010.

MANCINI, Pasquale Stanislao. *Direito internacional.* Ijuí: Ed. Unijuí, 2003.

MANGAS MARTIN, Araceli; LINAN NOGUERAS, Diogo J. *Instituciones y derecho de la Union Européia.* Madrid: Tecnos, 2010.

MARKEES, Cur. Les problèmes actuels de l'extradition. *Revue Internationale de Droit Penal*, p.744-757, 1968.

MAZZUOLI, Valério de Oliveira. *Curso de direito internacional público.* São Paulo: Ed. revista dos Tribunais, 2012.

MELLO, Celso D. de Albuquerque. *Direito penal e direito internacional.* Rio de Janeiro: Freitas Bastos, 1978.

______. Extradição: algumas observações. In: TIBURCIO, Carmen; BARROSO, Luís Roberto (Coord.). *O direito internacional contemporâneo* . São Paulo: Renovar, 2006.

MEZGER, Edmundo. *Tratado de derecho penal.* Tradução de José Arturo Rodriguez Munoz. Madrid. Editorial Revista de Derecho Privado, 1935. t. 1.

MINISTÉRIO DA JUSTIÇA. *Cooperação internacional.* Disponível em: <http://portal.mj.gov.br/data/Pages/MJD6765F39ITEMID2D47B89B61AF41498B54471D880805DDPTBRIE.htm>. Acesso em: jun. 2012.

______. Medidas Compulsórias. *Extradição. Cooperação internacional.* Disponível em: <http://portal.mj.gov.br/data/Pages/MJ0428DBCEITEMID6D340A-2DB21B44BD8F3157EF320A7185PTBRNN.htm>. Acesso em: jun. 2012.

MIRANDA, José Irineu de Resende. *O Tribunal Penal Internacional frente ao princípio da soberania.* Londrina: Eduel, 2011.

MORIN, Edgar; PRIGOGINE, Ilya et al. *A sociedade em busca de valores.* Tradução Luís M. Couceiro Feio. Lisboa: Piaget, 1996.

MUNOZ CONDE, Francisco. *Derecho penal*: parte general. Valencia: Tirant Lo Blanch, 2007.

MURCHISON, Matthew. Extradition's paradox: duty, discretion, and rights in the world of non-inquiry. *Stanford Journal of International Law,* v. 43, 2007.

NIETO MARTIN, Adán. *Principio de doble incriminación y lista de eurodelitos: la corrupción como ejemplo.* Publicaciones del Portal Iberoamericano de las Ciencias Penales. Instituto de Derecho Penal Europeo e Internacional, 2006. Disponível em: <http://portal.uclm.es/descargas/idp_docs/doctrinas/nieto_def.pdf>. Acesso em: 11 dez. 2011.

ONECA, Anton. *Derecho penal*: parte geral. Madrid: Akal, 1986.

PASTOR, Daniel R. *El poder penal internacional*: una aproximación jurídica critica a los fundamentos del Estatuto de Roma. Barcelona: Atelier, 2006.

PENAL.ORG. Disponível em: <http://www.penal.org/IMG/RICPL%201969.pdf>. Acesso em: maio 2012.

PLACHTA, Michael. *Contemporary problems of extradition: human rights, grounds for refusal and the principle aut dedere aut judicare*. Disponível em: <http://www.unafei.or.jp/english/pdf/PDF_rms/no57/57-07.pdf>. Acesso: 15 set. 2011.

______. The role of double criminality in international cooperation in penal matters. In: JAREBORG, Nils (Ed.). *Double criminality*: studies in international criminal law. Uppsala: Iustus Förlag, 1989. p. 108-109.

PONCET, Dominique; GULLY-HART, Paul. The European model. In: BASSIOUNI, M. Cherif (Ed.). *International criminal law*: procedure. New York: Transnational Publishers, 1986. v. 2, p 461-537.

PRADEL, Jean. *Droit pénal de la coopération inter-étatique européenne.* Paris: Dalloz, 1999.

______. *Droit pénal européen.* Paris: Dalloz, 1999.

PRADO, Luiz Regis. *Curso de direito penal brasileiro*: parte geral, arts. 1º a 120. 4. ed. rev. atual. e ampl. São Paulo: Ed. Revista dos Tribunais, 2004. v. 1.

PRESIDÊNCIA DA REPÚBLICA. Decreto nº 5.015, de 12 de março de 2004. Disponível em: <http://www.planalto.gov.br/ccivil_03/_ato2004-2006/2004/decreto/d5015.htm>.

______. Decreto nº 5.687, de 31 de janeiro de 2006. Disponível em: <http://www.planalto.gov.br/ccivil_03/_ato2004-2006/2004/decreto/d5015.htm>.

RAWLS, John. *O direito dos povos.* São Paulo: Martins Fontes, 2004.

REZEK, Francisco. *Direito internacional público*: curso elementar. 13. ed. São Paulo: Saraiva, 2011.

RIPOLLÉS, Quintano. *Tratado de derecho penal internacional e internacional penal.* Madrid: Instituto Francisco de Vitoria, 1955. t. 1.

______. *Tratado de derecho penal internacional e internacional penal.* Madrid: Instituto Francisco de Vitoria, 1957. t. 2.

RUSSOMANO, Gilda Maciel Corrêa Meyer. *A extradição no direito internacional e no direito brasileiro.* São Paulo: Ed. Revista dos Tribunais, 1981.

SAINT-AUBIN, J. *L'extradition et le droit extraditionnel.* Paris: A. Pedone, 1913.

SCHULTZ, Hans. The general framework of extradition and asylum. In: BASSIOUNI, M. Cherif (Ed.). *A treatise on international criminal law*: jurisdiction and cooperation. Illinois: Charles C Thomas, 1973. v. 2, p. 309-346.

SEITENFUS, Ricardo. *Manual das organizações internacionais.* Porto Alegre: Livr. do Advogado, 2008.

SHEARER, I. A. *Extradition in international law.* Manchester: University of Manchester, 1971.

SILVA, Ricardo Perlingiero Mendes da. Cooperação jurídica internacional e auxílio direto. *Revista CEJ*, Brasília, n. 32, jan./mar.2006.

SLAUGTHER, Anne Marie. *Sovereignty and power in a networked world order.* Stanford Journal of International Law, v. 40, 2004.

SLYE, Ronald C.; SCHAACK, Beth Van. *International criminal law.* New York: Aspen Publishers, 2009.

SOUZA, Artur de Brito Gueiros. *As novas tendências do direito extradicional.* Rio de Janeiro: Renovar, 1998.

STIEGLITZ, Alexandre de. *Etude sur l'extradition.* Paris: Pedone-Lauriel, 1883.

SUPREMO TRIBUNAL FEDERAL. *Guia de Direito Constitucional.* Disponível em: <http://www.stf.jus.br/portal/cms/verTexto.asp?servico=bibliotecaConsultaProdutoBibliotecaGuiaDC&pagina=principal>.

SUPREMO TRIBUNAL FEDERAL. *Pesquisa de jurisprudência.* Disponível em: <http://www.stf.jus.br/portal/jurisprudencia/pesquisarJurisprudencia.asp>.

SWART, Bert A.H.J. Human rights and the abolition of tradicional principles. In: ESER, Albin; LAGODNY, Otto (Eds.). *Principles and procedures for a new transnational criminal law*: documentation of an international Workshop in Freiburg, May 1991. Freiburg im Breisgau: Max-Planck-Inst. für Ausländisches und Internationales Strafrecht, 1992.

TRASKMAN, Per Olé. Should we take the condition of double criminality seriously? In: JAREBORG, Nils (Ed.). *Double criminality*: studies in international criminal law. Uppsala: Iustus Förlag, 1989.

TRAVERS, Maurice. *Le droit penal international et sa mise en ouvre en temps de paix et en temps de guerre*. Paris: Recueil Sirey, 1921. t. 4.

THE TREATY of Amiens. Disponível em: <http://www.napoleon-series.org/research/government/diplomatic/c_amiens.html>.

TREATY of Amity, Commerce and Navigation. *Jay's Treaty-1794*. Disponível em: <http://www.earlyamerica.com/earlyamerica/milestones/jaytreaty/text.html>.

TRIBUNAL CONSTITUCIONAL DE ESPAÑA. Sentencia 91/2000, de 30 de marzo de 2000. Disponível em: <http://hj.tribunalconstitucional.es/HJ/pt/Resolucion/Show/4075>.

TRINDADE, Antônio Augusto Cançado. *Direito das organizações internacionais.* Belo Horizonte: Del Rey, 2009.

______. *A humanização do direito internacional*. Belo Horizonte: Del Rey, 2006.

UNODC. Disponível em: <www.unodc.org/documents>.

VALENTE, Manoel Monteiro Guedes. *Do mandado de detenção europeu.* Coimbra: Almedina, 2005.

VARELLA, Marcelo D. *Direito internacional público.* São Paulo: Saraiva, 2012.

VATTEL, Emer de. *O direito das gentes.* Tradução Vicente Marotta Rangel. Brasília: Instituto de Pesquisa de Relações Internacionais; Ed. da UnB, 2004.

VIEIRA, Manuel Adolfo. L'évolution recente de l'extradition dans le continent américain. 185 *Recueil des Cours de la Académie de Droit International*, v. 185, t. 2, 1984.

VITORINO, Antonio. O espaço europeu de liberdade, segurança e justiça. Disponivel em: <http://www.janusonline.pt/2004.2004_3_1_5.html1> Acesso em: 22 nov. 2011.

VON LIZT, Franz. *Tratado de derecho penal.* Tradução de Luis Jimenez de Asua. Madrid: Instituto Editorial Reus, 1927. t. 2.

WILLIAMS, Sharon A. *The double criminality rule and extradition*: a comparative analysis. Disponível em:<www.heinonline.org>. Acesso em: 10 nov. 2011.

WYNGAERT, Christine van den. Double criminality as a requirement to jurisdiction. In: JAREBORG, Nils (Ed.). *Double criminality*: studies in international criminal law. Uppsala: Iustus Förlag, 1989. p. 43-56.

______. Rethinking the law of international criminal cooperation: the restrictive function of international human rights through invidual-oriented bars. In: ESER, Albin; LAGODNY, Otto (Eds.). *Principles and procedures for a new transnational criminal law*: documentation of an international Workshop in Freiburg, May 1991. Freiburg im Breisgau: Max-Planck-Inst. für Ausländisches und Internationales Strafrecht, 1992. p. 489-503.

ZAGARIS, Bruce. International Anti-Money Laundering Regime. In: ATKINS, Richard D. (Ed.). *The alleged transnational criminal*: the second biennal international criminal law seminar. Madrid: Martinus Nijhoff Publishers and International Bar Association, 1993. p. 127-217.

ZILLI, Marcos Alexandre Coelho. *A prova ilícita e o Tribunal Penal Internacional:* regras de admissibilidade. 2006. Tese (Doutorado) - Faculdade de Direito, Universidade de São Paulo como requisito à obtenção do título de Doutor em Direito, 2006.

ZÚÑIGA RODRIGUEZ, Laura. *Criminalidad organizada y sistema de derecho penal*: contribución a la determinación del injusto penal de organización criminal. Granada: Editorial Comares, 2009.

Impresso em agosto de 2016